『母2021』

――子どもの生きる力を育てる「子育ての人間学」

人は、何のために生まれ、何のために生きるのでしょうか。

日常の生活や仕事に追われる中では、考えもしないようなことかもしれません。
しかし、私たちは、生命の誕生とその終焉（しゅうえん）に触れる時に、「人生いかに生きるべきか」という問いと、真に向き合うことができるように感じます。
そして、「自分は何のために生きるのか」という人生のテーマが明確になった人ほど、逞（たくま）しくおおらかに人生を生きているように思います。

先日、とても身近な先輩母が、三十六歳の若さで亡くなりました。乳がんでした。彼女は七年前、幸せ絶頂の結婚式から四か月後、妊婦検診中にがんが見つかりました。医師から「自分の命と赤ちゃんの命、どちらを選ぶかと言っても過言ではありません」と厳しい決断を迫られる中で命懸けで産むことを選び、妊娠六か月の時に手術、そして出産。その後七年間、一進一退の闘病生活を、子育てをしながら前向きに取り組んでいましたが、一人息子の小学校入学式の前日に体調が急変。その一か月後、息を引き取りました。

数日前は自らの足で歩いていた彼女が、次第に起き上がることができなくなり、会話ができなくなり、意識が遠のいていく……それでも亡くなる数時間前、見舞いに行った私たちに、声にならない声で「ありがとう」と必死に何度も伝えてくれたのでした。

彼女の姿を見ながら感じたのは、当たり前の日常がどれだけありがたいことか、ということ。そして、私たち人間は生かされているんだ。呼吸ができている、心臓が動いていることは決して当たり前ではないんだ、ということです。

起き上がることができなくなった彼女は、愛する息子の学校生活の世話をすることも、一緒に遊ぶことも、家族のために料理をつくってあげることもできなくなりました。

最後は、次第に会話もできなくなっていくその姿を見て、当たり前の日常がどれだけありがたいことか。「普通に生活ができる」ということが、いかに普通でなく「有り難い」ことなのか。本当に大切なことを教えてもらいました。

人生に同じ毎日なんて一日もないし、同じ日常は続かない。一日一日が特別で、一日一日がありがたい。起き上がって空を見上げることも、会話をすることも、命があるからこそできること。綺麗(きれい)な空を子どもと見上げて「綺麗だね」と言えることがどんなに幸せか。子どもが笑っていまここにいてくれることが、どんなに幸せなことか。たわいもない会話を家族でできることがどんなに幸せなことなのか。彼女は身をもってそのことを教えてくれたように感じます。

私が生きるきょうという日常は、彼女がどんなに願っても生きられなかった未来なのだ……。

そう気づいたとき、ある言葉が胸に去来しました。

「悟(さと)りとは、失って初めて気づくものの価値を、失う前に気づくこと」

この『母』の母体である月刊誌『致知』に掲載されていた言葉です。

彼女は、命を賭して私たちに悟りを与えようとしてくれたのかもしれません。

「過去にも未来にもたった一つしかないこの尊い命をどう生きるのか」、それを学ぶのが人間学です。

しかし、人生をどう生きればいいのかという、人間にとって一番大事なことを、学校では学べません。

自分という人生をどのように生きればよいのか。自分がこの世に生まれてきた意味は何か。きっと人生一度はぶつかる悩みではないでしょうか。「どう生きるのか」、その答えはすぐには出ないかもしれません。それでも、命の尊さ、ありがたさに気づくことで、人間は心豊かに、そして力強く人生を生きることができます。


大きく時代が揺れ動き、先行きが見えないいまの時代。子どもたちが生きる未来は、私たちが経験したことがないような世界を生きることになるでしょう。

そんな未来を、力強く心豊かに人生を生き抜くための学びが「人間学」です。

その学びを、子どもたちに手渡すために、『致知』のエッセンスを子育て中のお母さんたちにお届けしたい。

そうすればきっと、お母さん自身も、明日を生きる希望や勇気、人生の軸を得て、より幸せで心豊かに子育て人生を歩んでいけるのではないか……。

そんな思いを込めて創刊された『致知別冊「母」』。


人間学は、生きる力を育てる学びです。

より幸せで心豊かに人生を生きるお母さんと子どもたちのために、祈りを込めて、

『致知別冊「母」2021――子どもの生きる力を育てる「子育ての人間学」』、ここに発刊いたします。

令和三年六月吉日

『母』編集長　藤尾 佳子

目次

写真／小嶋三樹、齊藤文護、菅野勝男、本田匡、村越元、山下武

第一章 子どもの生きる力を伸ばす

① 教育の根本は母親の無条件の愛
【対談】西田文郎 サンリ会長
伊藤美佳 輝きベビーアカデミー代表理事

② 子どもの天分をどう伸ばすか
【対談】鈴木宣之 ビー・ティー・アール社長 イチローさんの父
五嶋 節 オフィスGOTO代表取締役 認定NPO法人ミュージック・シェアリング副理事長 五嶋みどりさん・龍さんの母

③ 楽しい！ わくわく！ が 子どもたちの無限の可能性を引き出す
田中孝太郎 天才キッズクラブ理事長

1

【対談】

教育の根本は母親の無条件の愛

伊藤美佳

輝きベビーアカデミー代表理事

いとう・みか　昭和35年神奈川県生まれ。28年間、2万人以上の子どもたちと関わってきた。自身の子どもがモンテッソーリ教育の幼稚園で受けた教育法に感銘を受け、モンテッソーリ教師の資格を取得。モンテッソーリ教育に基づきカトリック系の幼稚園の再建に携わった後独立。現在、自身のスクールで幼児教育に携わる他、全国の保育園・幼稚園・スクールで教員向けの指導も行う。著書に『モンテッソーリ教育×ハーバード式子どもの才能の伸ばし方』（かんき出版）など多数。

子どもの無限の可能性を引き出す教育のあり方について語り合っていただいた本対談。
乳幼児親子教室「輝きベビーアカデミー」を創業した伊藤美佳さんには
三十年近く幼児教育に携わる中で掴んだ子育てのヒントを、
脳力開発の第一人者の西田文郎氏には脳科学の観点から
子どもの能力を伸ばすためのポイントを伺いました。

西田文郎

サンリ会長

にしだ・ふみお　昭和24年東京都生まれ。40年代から科学的なメンタルトレーニングの研究を始め、大脳生理学と心理学を利用して脳の機能にアプローチ「スーパーブレイントレーニングシステム（S・B・T）」を構築。日本の経営者、ビジネスマン、スポーツの分野でも能力開発指導に多数携わり、成功に導いている。平成20年北京五輪で金メダルを獲得した女子ソフトボールチームの指導も行った。著書に『天運の法則』（現代書林）など多数。

日本が二千六百年以上続いている理由

伊藤　西田先生、お久しぶりです。きょうは先生と対談ができるというので、とても楽しみにまいりました。

西田　私も『致知』の別冊として誕生した『母』という本は、日本の未来にとって非常に大切な本だと思っていたので、幼児教育の専門家である伊藤さんからいろいろな話が聴けるのを楽しみにしていたんです。伊藤さんとの出逢いは、私の塾に参加していただいたのがきっかけでしたよね。

伊藤　ええ、二年ほど前のことでした。「おとなの学校」というデイサービスを経営されている大浦敬子先生から「脳のことなら絶対に西田先生だ」と紹介していただいたのが最初です。大浦先生とは「孫トレ」といって、高齢者と幼児が一緒に脳トレを行う事業を共同で手掛けているのですが、その時は西田先生が日本におけるイメージトレーニングのパイオニアであるとか、一流スポーツ選手や大経営者の能力開発を行うすごい方であることをきちんと認識できていないまま、塾に参加させていただきました。

西田　私は大浦先生から、「すごい方を紹介したから」と言われていたのでどんな方だろうと思っていましたよ。ただ、伊藤さんはいきなり上級者向けのコースに参加されたから、ぶっ飛んだ内容にびっくりしたでしょう（笑）。

伊藤　とにかく私が本当に世間知らずだったということを思い知らされましたね（笑）。西田先生はオリジナルの言葉を使ってとても分かりやすく説明してくださったので、いままで何となく意識はしていたけれど言語化できていなかったことに関して、〝言葉をもらった〟ような感覚がありました。

　例えば、他人を喜ばせると幸運が舞い込んでくるという意味を込めて「他喜力（たきりょく）」という言葉を商標登録されていますけど、これなんかも幼児教育の中で大切にしていたことだったので、私がやってきたことは間違っていなかったのだと、講座を受けてすごく安心したのを覚えています。

西田　私は今年七十二歳になるんですけど、還暦を機に四十年前から行ってきた「ブレイントレーニング」の研究や指導をすべて次世代に任せて、最近はもっと大きな次元、例えば日本の未来といったテーマでお話ししているので、教育にも強い関心を抱いているんです。

　日本国は世界の中で唯一、二千六百年以上歴史が続いている国であり、なぜこれほど長い間国が存続できたかを分析すると、島国独特の教育があったからです。しかし、そうした和の教育が戦後なされなくなってしまった。いまの学校教育にも問題がありますし、社会人教育にも課題が山積していますが、根本的には家庭教育、母親の教育を見直さない限り日本の未来はないのではないかと非常に危機感を抱いているのです。

子どものやる気を引き出すモンテッソーリ教育

西田　伊藤さんは元から幼児教育に携わっていらしたのですか？

伊藤　そうですね。私はカトリック信者なので、小さい頃から教会に行って、神父様から「人は誰でもタレント（才能）を持っている」と教えられてきました。それがずっと頭の中にあったので、どうしたら皆が持って生まれたタレントを最大限に生かせるか、その子らしく輝いて生きられるかを人生のテーマに、これまで幼児教育に携わってきました。

最近は核家族が増え、日本の伝統的な子育てが伝承伝達されにくくなりました。一方で情報化社会になり、子育てに関しても様々な情報が飛び交うようになったことで、情報の取捨選択ができずに自信をなくしてしまうお母さんがいっぱいいるんです。そういうお母さんに向けて、マインドを整えたり子どもとの正しい関わり方を指導したりすることが大切だと考え、最近はお母さんたちの自己肯定感を高めることにも注力しています。やはり、子どもの一生を決めるのは乳児期ですから。

西田　人間の脳は三歳くらいまでに大部分が出来上がると言われているので、幼児教育は本当に大切です。伊藤さんの場合、モンテッソーリ教育との出逢いも大きかったのではないですか？

伊藤　大きかったですね。幼児教育に関わり始めた当初は、一般的な管理型教育の幼稚園で指導をしていました。しかし、その頃から教育のあり方に疑問を抱いていたんです。例えば、跳び箱を跳ぶ時には二列に並ばせて、跳ぶ子以外はずっと体育座りで待たせている。退屈した子どもたちが砂いじりを始めると、それも叱(しか)らないといけない。その時点でおかしいなと感じていました。

モンテッソーリ教育に出逢ったのは我が子がきっかけです。一番上の長男は普通の幼稚園に通わせたんですけど、娘の時にたまたまモンテッソーリ教育を行う幼稚園を知って、その教育現場を見て衝撃を受けました。子どもたちが自分でやりたいことを選んで、皆目を輝かせてイキイキしている上に、指導する先生たちも本当に楽しそうなんです。二人の娘はモンテッソーリ教育を行う幼稚園に入園させたところ、毎朝ワクワクして登園し、自分でできることをどんどん増やしていく様子に驚きました。

その後、日本人として初めてモンテッソーリの資格を取得して日本に教えを広めた赤羽恵子先生の下で学びを深めていったんです。

西田　モンテッソーリ教育は子どもの自主性を尊重し、能力を引き出してあげる教育ですよね。小さい頃に自由に経験をさせてあげることは大切です。私はよく言うんですけど、赤ちゃんって最強のプ

モンテッソーリ教育とは？

イタリアの女医・教育家であるマリア・モンテッソーリ（1870-1952）が考案した、「自立していて、有能で、責任感と他人への思いやりがあり、生涯学び続ける姿勢を持った人間を育てる」ことを目的にした教育法。子どもには自分を育てる力が備わっていると考え、子どもの「自己教育力」を存分に発揮できる環境を整備し、大人がその力をサポート（援助）することを重視する。

間違いに自ら気づけるようになるまでは　じっと見守ることが不可欠です

伊藤

ラス思考の持ち主なんですね。生まれたばかりの赤ちゃんは自分の力で歩くことも立つことすらできません。それでも何度転んでも立ち上がって歩こうとする。転ぶと痛いだけですよ。でもその時に、「もう立って歩くのは無理だ」と諦める赤ちゃんはいないでしょう。この話をすると皆さん笑いますけど、赤ちゃんの時に親も赤ちゃん自身も否定的に思わなかったからこそ歩くことができているんです。

子どもたちは成長の過程で失敗もしますが、本来自分でどうしたらいいかを考え行動できるんです。しかし、親や先生がすぐに助けたり答えを教えたりして与えすぎてしまうから、自分の頭で考える力が身につかなくなる。そして抵抗力がないまま社会に出た結果、ものすごいストレスに晒（さら）されて苦労する羽目になるんです。

自分で考え選択する能力を育む

伊藤　いまのお話に関連しますが、モンテッソーリ教育が大切にしていることの一つに「自分で選択させる」という教えがあります。一般的な幼稚園では子どもたちは先生の指示を受けて動くのが当たり前ですので、素直で物分かりのよい子が育ちます。しかし、あくまで「やらされている」ので子どもたちは自分の頭で考える機会をあまり与えられません。一

「モンテッソーリ流　子どもへの接し方８か条」

1. すべてを受け入れる
2. 自分で選ばせる
3. 信じて、待つ
4. 満足するまでやらせる
5. 子どもに解決させる
6. 間違いを訂正しない
7. 子どもと「楽しい！」を共有する
8. 自然の中で遊ぶ

方、モンテッソーリ教育では子どもたちを自由にさせる環境を整えてあるので、自分の頭で考え、自分で選択する力を育むことができるのです。

　自由にさせ過ぎると自己中心的でわがままな子どもに育つのではと心配される親御さんもいますが、子どもの心が十分に満たされると人の気持ちを考えられるようになるので、自分勝手な行動をとる心配はありません。

西田　幼稚園児でもきちんと人の気持ちを考えて行動できるんですよね。

伊藤　ええ。それと同時に大切にしているのが、「間違えても訂正しない」こと。大人から見れば間違ったと思う時でも、教えたり口出ししたりしません。なぜかというと、子どもはまだ自分の間違いには気づけていないからなんです。そのレベルに達していない段階で誤りを指摘されても、理解できずに自分を否定されたと思ってしまう。間違いに自ら気づけるようになるまではじっと見守ることが不可欠です。

　これはモンテッソーリ教育を学ぶ人は徹底して教えられるのですが、実践するとなると忍耐力が試され、皆が苦労しています。指摘してはいけないと思うと、最初は皆黙ってしまうんです（笑）。

西田　どうしても口出ししたくなってしまうのでしょう（笑）。自分で失敗して自分で考えるというプロセスが大切なのに、失敗しないように大人が先回りしてしまう。だから「いい子」ではなく「何もできない子」がいまの日本に増えてしまうのです。

伊藤　他にも、私がモンテッソーリ教育の実習を受ける中で非常に衝撃を受けたことが二つあります。

　まず、一人で勝手にお弁当を食べ始めてしまった子どもへの対応の仕方です。まだ十時頃で周りの子は皆遊んでいる中、お弁当を食べ始めた子がいた時に、先生たちは一切咎めず、静かに見守っていたんです。後で理由を伺ったところ、その子どもは入園したばかりでまだお弁当の時間がいつ始まるかを知らず、その時食べたかったから食べた。その気持ちを尊重したというのです。しばらく通ううちに十二時になったら皆でお弁当を食べるんだとちゃんと気づけるようになるから、それまで待っているそうです。

　もう一つは遠足に行った時のことです。お弁当の時間が終わり、皆がバスに戻っていく中、ゆっくりとお弁当を食べ続けている子がいました。先生は絶対に急かさず、ゆーっくり食べて、ゆーっくりと片づけをするのを見守っていて、終わったら、「じゃあ行こうか」と、一緒にバスに向かいました。バスで待っている子どもたちに対しては楽しく歌ったり、なぞなぞをしたりしているので、合流する時に誰も遅かった子を咎めませんし、遅かった子に謝らせることも絶対にしません。この教育のあり方はもの凄く衝撃的で、感動しました。

西田　いまの話を聞いて思ったんですけど、日本には昔からモンテッソーリ教育で大切にしているような教育が自然とありました。昔はきょうだいが多かったから、母親が一人ひとりに構っていられなかったのかもしれませんが、私は四人きょうだいの末っ子で、どんなにいたずらしても大目に見てくれ、「文郎は優しいところがあるから」とどこかいいところを見つけて褒めてくれました。いまは子どもが少ない分、親の目が行き届きすぎて、欠点ばかりが気になってしまうのでしょう。

生涯忘れ得ぬ母のひと言

西田　私はこの年になったいまでも、母から言われた忘れられないひと言があるんです。小さい頃は非常にやんちゃ坊主で、小学校に上がってすぐの頃、同級生の足の不自由な女の子のことを、白虎隊をもじって「びっこ隊」とあだ名をつけて呼んでいたんです。私自身には全く悪気がなかったものの、そのお嬢さんのお母さんからうちの母に伝わったようで、ある時母から「〇〇ちゃんをびっこ隊と呼んだでしょう」と問いただされました。

　その後母が何と言ったと思いますか？普通だったら怒ると思います。しかし、その時母はたったひと言、「お母さん、悲しい」とだけ言ったんです。それで六歳だった私もハッとさせられました。いま思い出しても涙が出てきます……。三つ子の魂百までじゃないですけど、ここで一番大切な教育をしてもらったと思います。

伊藤　素晴らしいお母様ですね。

西田　あの頃の私はずるいことをやらせたら世界一くらいの能力を持っていましたから、この時に母から「びっこ隊なんて言ったらだめでしょう」と怒られていたら、その後は大人の目をかいくぐってずるいことばっかりやったと思うんです。ですから教育の根本は母親ですよ、母親の無条件の愛。

伊藤　これは私も母として三人の子育てをする中で、とても実感しています。本人は親が自分を信じてくれているかどうかはきちんと分かっていて、私が悲しむようなことは絶対にしないんですね。子どもの進路を見守る中で、私が想像した結果とは違う答えを導き出しても、「ああ、その選択もよかったね」と思える結果を自分で力強く歩んでくれるんです。

西田　母の愛は偉大です。人間の感情脳

教育の原点は幼少期に感情脳をしっかり養ってあげることです　西田

は六歳頃までに大体出来上がると言われているんですけど、生まれてすぐの頃から泣いて訴え、母親の絶対受容の愛でよしよしとあやしてもらい、感情脳のある大脳辺縁系が成長していくわけです。こうして理屈ではない感情の教育を家庭で行った上で、小学校に入って国語や算数を覚えて、大脳皮質の外側を鍛えていく。ですから教育の原点は幼少期に感情脳をしっかり養ってあげることです。

極論を言えば、私は何のために生きているのかといったら、それは自分が死ぬ時に、天国にいる母親から「文郎は頑張ったね」と褒められたいだけなんです。これを〝お母ちゃん理論〟と呼んでいます。

スポーツ選手などを指導する時には、具体的な目標設定以外に心の支え、自分がそれを成し遂げて本当に喜ばせたい人を一人だけ思い浮かべてもらうようにしています。すると、甲子園を目指す高校球児たちのほとんどが母親を選びます。「自分の目標を達成したい」だけでなく、「自分が甲子園に行くことでお母ちゃんを幸せにしたい」と感情脳を強く刺激すると、人間の脳は挫けにくくなるから不思議なものです。

ポジティブな言葉が持つ力

西田　伊藤先生は子どもたちの能力を引き出すために、大切にされていることはありますか?

伊藤　前提として、ゼロ歳児であっても「できる人」として関わるようにしています。赤ちゃんの頃はまだ言葉が話せないので会話が成立しませんが、だからといって大人の言葉が聞こえていないわけではなくて、ちゃんと理解しようとしています。ある日突然言葉を話せるようになるのも、それまでの言語体験の蓄積があるからです。

ですからたとえいま言葉が話せなくても、子どもが飛行機を見ている様子だったら、「飛行機が飛んでいるね」と教えてあげる。目にした現象と言葉が連動することによって、「あれが飛行機だ」と理解しやすくなるんです。靴を履く時も、「右足から履こうね」とその都度声を掛けてあげると、左右の違いを理解するのが早くなりますよ。

西田　子どもは思っている以上に親の言葉を理解していますからね。

伊藤　それから、過程を特に大事にしていて、努力を褒めてあげるように心掛けています。

以前面白い実験をしたことがあって、幼稚園でお芋掘りに行った帰り道、自分で掘ったお芋を持って帰るんですけど、これが結構重いんですね。Aクラスの子どもたちには「頑張れ、頑張れ!」と声

日本を背負って立つ人を育てるためには、絶対に幼児教育から見直さないといけません

西田

を掛けました。その後ろにいたBクラスの子たちには、「すごい頑張っているね！」と言ったんです。

するとBクラスの子たちがはっと私の顔を見て、皆颯爽と歩き出して、Aクラスを追い越しちゃったんです。「頑張れ」と言ったら、まだやっていないから頑張りなさいという激励のように受け取ってしまいますが、「いますごく頑張っているね」と過程を褒めることがどれほどモチベーションを上げることに繋がるのか。声掛け一つでもこんなにも変わるのかと驚きましたね。

西田　人間の脳は大部分が錯覚でできています。私は言葉の原則と呼んでいるんですけど、年齢に関係なく、頭で思い描いたことはすべて具体化するようになっています。ですから日々プラスの言葉を使って生きることが大切です。

とはいえ、人間ですから否定的な言葉が出てしまうのは仕方がありません。その時にマイナスなことを言わないようにするのではなく、口にしてしまった後が重要なんです。イエスバットという法則があって、人間の脳は後にインプットした情報をより認識する機能があります。ですから、否定語を口にしてしまった後に「バット（but）」と言って肯定語を発する。これは私自身も実践しています。

例えば夫婦喧嘩した時、「この野郎！」と苛立つわけですよ。その後、嘘でもいいから、「私のことを心配してああいうふうに言ってくれたんだ。ああ、ありがたい、ありがたい」と自分に言い聞かせるんです（笑）。そうすると脳は後半を信じて、怒りが静まります。

伊藤　それはとても大切なことですよね。お母さんの中には、怒りたくないのにどうしても怒ってしまって悩んでいる方がいっぱいいらっしゃいます。嘘でもいいからポジティブな言葉を言うというのは一人でも多くのお母さん方に知ってほしい教えです。

教育の根本は母親からの承認

伊藤　子育て中にはどうしても思い通りにならずにイライラしてしまうことも多くあります。その原因を子どものせいにしがちなんですけれど、よくよく考えてみると全部自分の都合なんです。この後やりたいことがあるから早く子どもに寝てほしいなど、イライラの原因が自分のせいだったと分かれば、対処法が分かり、怒らなくて済むようになりますよ。

また、「やった、やらない」「叩いた、叩かない」など行為ばかりに気を取られ

親も目標を持って自分のありたい姿を追い求める。そうすることで、自分の人生に対する自信にも繋がります

伊藤

てしまい、子どもがなぜその行動をとろうとしたのか、その時の子どもの気持ちを読み取れてない場合がよくあります。しかしどんな行動にも理由があって、それが分かると怒らなくていいようなことがいっぱいあるんです。例えば、ティッシュを箱から引っ張り出したりとか、ゴミ箱にいろいろ入れたりいたずらをするのは、発達に必要な過程だからであって、その「やりたい」という気持ちをどれだけ承認できるかが大事だと思います。大人でもやりたいと思った時に、誰かに止められるとやる気が失せますよね。それは子どもでも同じなんです。

西田　認めてあげるのは大切です。母親からの承認が教育の根本で、それがないと大きくなって人からの承認を感じることは難しいのではないかとも感じています。

伊藤　勉強でも部活でも、やっぱり本当にやらなければいけない時って、本人もきちんと分かっているものです。しかし、親は心配ですから、早く勉強させなきゃとかいろいろ口出ししたくなってしまう。その時に、子どもを信じて忍耐強く待つためには、親自身が自信を持っていることがとても大事で、そのために親も自分がやりたいことをやるように勧めています。

　母親って自己犠牲を厭わず、子どもにはお金をかけるけれど自分のために投資をすることは少ないんですね。仕事でなくてもいいんですけど、自分が興味あることなど、子育てをしながら我慢せずにしてほしいと思います。それは子どもが成人してからでは遅くて、子どもと一緒に親も目標を持って自分のありたい姿を追い求める。そうすることで充実感を得られますし、自分の人生に対する自信にも繋がります。

　自分がやりたいことをやっていると、子どもがやりたいと言ったことを積極的に承認できるようになりますし、自分を信じることができると、子どもを信じられるようになって、好循環が生まれていきますよ。

子どもはお母さんの笑顔が見たいから頑張る

伊藤　私はカトリック系の幼稚園で九年間代表を務めた期間があり、その期間でモンテッソーリ教育を徐々に導入していったんですけど、子どもたちの変化以上に、働く先生たちの変化にも驚かされました。園児たちの「やりたい」を応援することができるため、先生自身も目を輝かせながら楽しそうに働くようになり、

それが園児の親御さんにも自然と伝わって入園希望者が激増したんです。
　先生たちの間で導入したことの一つに、皆でよいところを褒め合う仕組みがあって、このおかげで先生の自己肯定感が上がって子どもを信じられるようになり、あまり叱らなくもなったんです。その変化ぶりに驚き、それから先生だけでなく、お母さんたちの自己肯定感を上げることにも注力するようになりました。
　お母さんたちによくお勧めしているのが、よかったことを言葉にして書き出し、自分で自分を認めてあげることです。人間はどうしても悪いことばかりに目が行きがちですので、よいことに焦点を当てて、毎日書くことで脳に習慣づけをさせることが大事ですね。

西田　そうですよ。どういう言葉を発しているかによって人間の思考は出来上がっていきますから。
　繰り返しになりますが、日本の将来を考えた時に、日本を背負って立つ人を育てるためには、絶対に幼児教育から見直さないといけません。自分で考える経験を小さい頃からさせてあげないと、バランスの悪い人間になってしまいます。このままいくと日本はまずいことになりますよ、本当に。

伊藤　早急に何とかしなければとは思うんですが、学校教育を変えるには到底力が及ばないですし、時間もかかりますから、まずは家庭教育からと思っています。

西田　結局、子どもはお母さんの笑顔が見たいから頑張るし、お母さんの注意を引きたいからわざといたずらをする。承認欲求の一番の大本は、お母さんの笑顔ですよ。お母さんに笑ってもらいたい、お母さんに喜んでもらいたい、お母さんに分かってもらいたい、そのために子どもは頑張っているんです。そのことを全国のお母さんに知っていただきたいと思います。
　子育てに必要なのは「根気」であり、根気というのは愛がないとできません。単なる指摘は愛がなくてもできますからね。

伊藤　本当にその通りです。子育ては一朝一夕（いっちょういっせき）でどうにかなるものではないからこそ、教育のあり方が大切になってくる。きょうは西田先生と脳科学の観点も交えてお話しできたことで、私もとても勉強になりました。日本の未来のためにも、一層教育事業に力を注いでいきたいと思います。

現役お母さんが聞く

Q&Aコーナー

Q1 どうしても子どもが言うことを聞いてくれず、「早くしなさい」と叱ってしまうことがあります。そういう時はどうするのがいいですか？

伊藤　前もって子どもと一緒に計画を立てて、時間を伝えておくといいかもしれません。「あと五分で出るよ！」「早くご飯を食べて！」と子どもを急かすのではなく、事前に八時半には家を出ると伝えて、八時半になったら本当に出てしまう。ここで大人がバタバタしていると、時間を守らなくても大丈夫と思ってしまうので、そこは徹底して守ること。スケジュールを決めて、時計を見ながら行動をする習慣をつけることが大事だと思います。

西田　子どもの意思で動かしてあげることですよね。脳には感情脳と理屈脳があって、理屈の脳で「もう行かなきゃいけないから早く」と言われると、「うるさいなぁ」と反発したくなるんですけど、「お母さんも寂しいけれど、もう行かなきゃいけない」と感情に訴えると、「僕大丈夫だよ！」とすんなり受け入れてくれるものです。

Q2 近年は子育てをしながら仕事も続けている女性が多くいますが、両立をする際に気をつけたほうがいいことはありますか？

伊藤　働きながら育児もされている方の場合、「子どもに我慢を強いていてかわいそう」という気持ちがどこかにあると思うんです。「この時間しか一緒に遊んであげられないから」「いつも一緒にいてあげられないから」と自分のことを犠牲にしてしまう。それを子どもはちゃんと見抜いていますよ。泣くとお母さんが困るのが分かるから余計に泣くんです。

西田　そうそう。お母さんが心配してくれるかを確認するためにわざといたずらをするんです。

伊藤　そういう時は、しっかり伝えて大丈夫です。ちゃんと母親の都合を子どもに伝えて、「一緒に遊びたいんだね。じゃあ、この時間からは仕事があるけど、ここまでは一緒に遊ぼう！」と。一緒にいる時間に満足すれば、子どもはきちんと切り替えてくれますよ。

Q3 自分の思い通りにならないと泣き出して困っています。

伊藤　泣くことで思いを発散しているので、泣くことはすごく大事な時間です。ですから、「泣き止んだらおいで」って普通に泣かせておいて大丈夫です。自分で泣き止むことが大切なので、こっちがいろいろとしてあげる必要はありません。優しい方に特に多いのが、子どもが主導になって振り回されてしまうこと。怒る必要はないので、毅然と対応してください。

Q4 子どもの集中力がないのですが、どうしたらいいでしょうか。

西田　勉強脳は小学校に上がってからでもいくらでも鍛えることができますので、小学校に上がる前にその土台となる集中力を育んでおくことが大切です。

　おすすめしているのが、自然の中で遊ばせること。子どもは自然が育てるものです。危ないからと安全で安心な環境の中で何もさせせないで育っている子は、何も学習してないのと同じです。昔は、自然の中でいろいろなことを覚えて、仲間意識をも育んでいたものですよ。三歳までの子は特に自然の中で遊ばせ、遊びに夢中になる中で集中力を育んでほしいと思います。

2 鈴木宣之

ビー・ティー・アール社長、イチローさんの父

すずき・のぶゆき　昭和17年愛知県生まれ。東海中学、高校卒業後、芝浦工業大学を卒業。45年機械部品製造業を起こす。48年二男としてイチロー誕生。著書に『一番好きなこと一直線 子育ては、父親最大の仕事』（麗澤大学出版会）、『大リーガー イチローの少年時代』（二見書房）他多数。

鈴木氏とイチローさん（小学校1年生）、富士宮ハイランドにて
（写真提供＝ビー・ティー・アール）

【対談】

子どもの天分を

ナンバーワンでオンリーワンの子どもの育て方

五嶋さん（左）と龍さん（２歳）、公園にて（写真提供＝オフィスGOTO）

どう伸ばすか

日米球界に燦然と輝く数々の記録を打ち立てたイチロー氏。
選手としての実績のみならず、その独自の思考法や哲学は、
多くの方を魅了し、感化を与えてきました。
一方、幼少の頃より揃って「天才少女」「超神童」と呼ばれ、
いまなおそのヴァイオリンの音色で
世界中の聴衆を魅了し続ける五嶋みどりさんと龍さんの姉弟。
ともに日本を代表してワールドワイドに活躍する三人を育てた
鈴木宣之さんと五嶋節さんのお話は子どもの中に眠っている天真を
どう引き出し、いかに育んでいくかということについて
大変示唆に富んだ内容でしたので、
平成十九年に行われた対談の記事をここに再録させていただきます。

五嶋 節

オフィスGOTO代表取締役
認定NPO法人ミュージック・シェアリング副理事長
五嶋みどりさん・龍さんの母

ごとう・せつ　昭和24年大阪府生まれ。ヴァイオリンに興味を持ち、音楽学校に入学。オーケストラなどの音楽活動の後、お見合い結婚。46年長女みどり誕生。56年みどりと二人で渡米。再婚後、63年に長男龍誕生。現在、日本で音楽を通して心を鍛える「音楽道場」を主宰。その他、特定非営利活動法人ミュージック・シェアリング副理事長、非営利団体Midori&Friends（みどり教育財団ニューヨーク）理事。著書に『「天才」の育て方』（講談社現代新書）などがある。

親を追い越す人間になれ

五嶋　きょうイチローさんのお父様と会うことは、うちの子たちには内緒にして来たんですよ。彼の大ファンですから、もう大騒ぎしそうで（笑）。

　この前もメジャーリーグで七年連続二百安打達成と。素晴らしいですよね。

鈴木　報道で見る限り、七年連続二百安打というのは、メジャーでも三人目だそうです。親からしてみれば、「息子はそこまで来たのか」と。

　ただ何でも一番になりたがる子ですから、「もっと頑張れよ、満足してはいけないよ」という気持ちとともに、厳しい勝負の世界に身を置いていますから、「怪我するなよ、病気するなよ」という思いがあります。

五嶋　分かります。私も自分がヴァイオリンをやっていた頃は怖くて緊張して訳が分かりませんでしたが、子どもが舞台に上がって弾いている姿を見ていると、「前に進んでほしい」という気持ちと、「あ、もう早く終わってほしい」という気持ちがある。複雑なところです。

鈴木　いま、みどりさんと龍君はお二人ともアメリカにお住まいですか。

五嶋　はい。二人ともヴァイオリニストとして活動していますが、娘のみどりは並行して南カリフォルニア大学で教鞭を執っていて、息子の龍のほうは昨年ハーバード大学に入りましたから、ボストンを拠点にしています。

　あちらでの生活も長いですから、イチローさんのすごさは日本で暮らしている人以上に感じていると思います。成績も素晴らしいんですけど、特に我々はイチローさんが日本人であることに誇りを持っているんです。世界で育っている子どもたちが彼を通して日本人であることを思い起こされているんじゃないですか。成績の前に必ず「初」が付く。初めてやり遂げた偉業がたくさんあるってことですよ。

鈴木　イチローの中には、「初」ということはもちろん、その成績を継続しないと価値がないという思いが強いようです。

五嶋　何年連続という記録も多いですよね。

鈴木　単発じゃ意味がないと。米国では特にそういう風潮が強いようです。

五嶋　そうですね、それはあります。

鈴木　日本でやっている以上の成績を残さなかったら、海を渡った意味がないと思っているようですから、それが自然と成績の継続につながっているような気がしますね。

五嶋　これは私の想像でしかありませんが、イチローさんは日本を背負っていらっしゃるんじゃないかなと。もちろん四六時中思っているわけではないでしょうけど、どこかでね。

　親が子どもを持つとそれが捨てられないように、日本人であることも捨てられない。それがあるから継続するんじゃないかなと私は思う。

鈴木　日本を背負っているというのは常時思っていることではないでしょうけど、例えばＷＢＣ（ワールド・ベースボール・クラシック）のような機会ではうんと発揮してやろうという気概はあるでしょうね。

五嶋　そういう気概をイチローさんが言葉なり態度なりでパッと出されると、こちらも勇気づけられて、自分も日本人だなと思うんです。もうね、きょうはこれだけ言いたかった（笑）。

鈴木　ありがとうございます（笑）。

私は彼には子どもの頃から「親を追い越せ」と言ってきました。たとえ身長であっても親以下の部分があってはダメだぞと。とにかく何でもいいから親を追い越していけという気持ちで子育てをしてきました。

五嶋　私はみどりには「あんたは世界一だ」と言ってきました。それは事実なんです。どこのお子さんも母親にとっては世界一なんですよ。

特にあの子が小さい時に二人でアメリカに渡りましたから、ある程度の年齢になるまでは「世界一だ」と位置づけてやらないと自分のアイデンティティーというか、居場所が分からなくなるという思いがありました。だから小さい頃から「あんたは世界一だ」と。

下の子には、「私が跪く人間になれ」と、言葉を変えました。これは「親を追い越せ」と同じ意味だと思いますが、追い越された時に親が自然と頭を下げるのかなと。そのぐらいのことをしてほしいという願いでもあります。いまはまだ十八歳ですから怒ってばっかりですが、いつの日か跪きたいですね。

鈴木　私は跪いております。もうすべてにおいて追い越されました（笑）。

五嶋　いや、まだお年だけは越されていないですよ（笑）。

小学校三年生での大きな決断

五嶋　この対談に備えて、私もイチローさんとお父様の関係をインターネットで少し勉強してきました（笑）。

〝イチローが今日あるのも、お父様が「巨人の星」のように小さい頃から野球を教え込まれたからだ〟と。

私も学生時代にソフトボールとかやりましたけど、全然当たらないんですよね、大人でも。あれを子どもにやらせようというのは、残酷なんじゃないかなと思いましたけど（笑）。

鈴木　実は私自身が子どもの頃からずっと野球少年だったんです。まず親自身が好きなものを子どもに与えるというか、これで遊んでほしいという願望で三歳の時に野球道具を買い与えました。

五嶋　やっぱり親の好みでしょうね。うちも私自身が若い頃ヴァイオリンをしていましたから、身近にあったことは事実です。誰でもそうだと思いますが、そばにあれば楽しそうだなと思って触ってみたいものですよ。その姿を見て親が「好きそうだ」と勝手に思っただけで（笑）。でも、イチローさんの場合、お父様とのマッチングもよかったんだろうなと思います。二人の相性がピシッといったんでしょうね。

鈴木　それはあると思います。

イチローは幼稚園に入る前から、一度野球遊びを始めたらなかなかやめようとしないほど、野球が好きな子どもでした。それで小学校二年生の終わり、学校から「三年生になったら部活動が始まります」

という通知書をもらってきたんです。ところが、そこに「野球」という文字がない。つまりその学校には野球部がなかったんです。

「学校の決まりだったらみんなと一緒に入らなきゃいかんだろ。サッカーをやるか」と聞いたら、イチローは返事をしないんです。もう一度「サッカー部に入っておくか」と聞いたら、「僕は野球がやりたい」と言う。

「野球部はないのにどうするんだ」と言うと、「僕は帰宅部でもいい」って。まだ小さい、小学校二年生の子どもがですよ。

五嶋　その頃からみんながやるからといって、自分が好きじゃないサッカー部に入るような子じゃなかったんですね。

鈴木　そうなんです。「そんなに野球がやりたいのなら、日曜日に活動する地域のスポーツ少年団に入るか」と聞くと、「僕は毎日野球がやりたい」と言うから、こちらも困ってしまって、一瞬考えました。

うちは愛知県の豊山というところで小さな工場を経営していました。妻や五、六人のパートさんたちも手伝ってくれていましたから、私が数時間抜けてもどうにか運営はしていける。「じゃあお父さんが六年生までの四年間、毎日三時半からイチローの相手をしよう。毎日だぞ。約束を守れるか」と、そこでも私自身ものすごい決断をしたわけです。

自分の責任で自分の子どもを育てたい

鈴木　それからというもの、イチローは毎日三時半になると、工場の前に現れました。たとえそれまで友達と遊んでいても、時間になるとそれを切り上げて、工場の前に立っているんです。

それから二人で近所のグラウンドに行って、辺りが暗くなるまでボールを追い続けました。

同時にイチローは地域のスポーツ少年団に入り、私も請われて監督に就任しました。

一年間チームを見てきて、イチローが四年生に上がる時、ほかのコーチから「鈴木さん、イチロー君のチームから少し離れたらどうだろうか」と言われたことがあったんです。私、離れるのは嫌だと言いました。自分の責任の下で自分の子どもを育てたかったんですね。だから、「いや、イチローのチームを六年生まで持ち上がりで面倒を見させてください」とハッキリ言って、六年生まで監督をやりました。

五嶋　やっぱりみんな親本位ですね（笑）。

鈴木　そのとおりです。中学ではイチローは野球部に入りましたが、どうしても野球する姿を見たかったので、毎日練習を見に行きました。それで見ていると、監督さんがイチローのフォームを直そうとするんですよ。だから、入部して一週間後くらいに「お願いですから、いままでやってきたフォームを継続させてください」とお願いに行きました。

一度言ってからは三年間我慢しましたが、毎晩二人でバッティングセンターに行っていましたから、練習の後で変なクセがつきそうになった時は徹底的に打ち

込みをして、小学校三年生からやってきたフォームを守り続けました。

五嶋　学校の先生に「NO」を言うのは大変難しいことですよ。よく言えば自分を大切にする、悪く言えば我を通すってことですからね。

　先日みどりの小学校の時の先生が演奏会にいらして、そこで言われて思い出したことがありました。

　みどりがまだ小学校二、三年生の頃、私は働きに出ていたので、私が出勤する前にレッスンをしないと、夜中までレッスンの時間が取れなくなってしまう。だから先生が何と言おうと、みどりは学校を途中で帰ってきちゃっていたんです。

　それで先生が家庭訪問にいらした時に「風紀を乱す」とか何のかんのと言われたらしいのですが、私は「先生、これを聞いてください」と言って、テープレコーダーのスイッチを入れたと。そしてみどりのヴァイオリンのテープを聞かせて、「私はみどりをこういう風に育てています」と言ったらしいんです。要するに先生に黙ってくれ、ということですね（笑）。

鈴木　私がイチローの中学校の野球部の監督に言ったことと同じことじゃないですか。

五嶋　いやぁ、先生にとってはものすごく憎たらしい親子だったでしょうね（笑）。

叱って育て 褒めて育て

鈴木　イチローは高校は野球の名門校の愛工大名電高に進み、親元を離れ寮に入りました。別々に暮らしましたから、それこそ私がイチローに会うには高校の練習を見に行くしかありません。だから高校時代も毎日練習を見に行きましたが、今度は自由にやらせてくれる監督さんだったので、安心して見ていられました。

　だからじっと我慢してわが子を見続けたのが中学三年間、おもしろく見られたのが高校三年間でした。

五嶋　それもよかったのかもしれませんね。いいリズムだったのかもしれない。

「一つの生き方を貫くことが一番価値のあることだから、好きなことをどこまでもやってみることだ」と教えてきました　鈴木

「親は自分のことを愛してくれている」と知っていると、競争してもそれがプラスになっていくんですよね　五嶋

鈴木　私もそう思います。
　高校卒業後、イチローはドラフト四位でオリックスへ入りましたが、最初の二年間は再びグッと耐えなければならない監督さんで、一軍と二軍を行ったり来たりしました。そして三年目に、いまは亡き仰木彬（おおぎあきら）さんが監督になられ、今度は自由にやらせてくださって大爆発。プロ野球史上初めての二百十安打を達成したのがこの年です。
　耐えなければならなかった期間があったから、自由にやらせてもらえるようになって力を発揮できたのかなと。そう考えると、いろいろな監督がいましたけどみんながイチローのためになってくださったと思います。我慢を強いられた監督さんこそ、イチローに根性をつけてくださったんだと感謝していますね。

五嶋　そうですよね。その時はつらいですけれどもね。

鈴木　監督さんだけじゃない。小学生のイチローと二人で昼下がりに野球をやっていたら、そりゃいろいろな声が耳に入ってきました。大の男がお日様がカンカンに照っている時に、小さな子どもと二人で野球ごっこして遊んでいる。近所の人から見てみれば、あいつはアホかと。子どもをプロ野球選手にでもする気かと、笑われました。
　でも、人の言うことに負けちゃいけないんだよ、いろいろ言う人もいるけど絶対に負けるなよ、とイチローを奮い立たせて練習に向かいました。批判してくださった人がかえって根性をつけてくださったんだと、いま感謝していますね。

五嶋　私たち親子が米国に渡ったのは、みどりにヴァイオリンの教育を受けさせるためだったと思っている人もいるようですが、それはおまけのような理由で、すべては私の意思でみどりを連れて渡米したのです。
　様々な環境が重なって、みどりはジュリアード音楽院に入り、その年のニューヨーク・フィルのニューイヤーズ・コンサートにサプライズゲストとして出演しました。その時演奏したのが、大人でも

難しいと言われるパガニーニのヴァイオリン協奏曲第一番の第一楽章。米国マスコミは「天才少女デビュー」とか概ね好意的でしたが、逆に日本では「娘を食い物にしている」とか「典型的なステージママだ」とか、非難や批判が多かったですね。

鈴木 そうでしたか。

五嶋 離婚や勘当を覚悟で海を越えましたから簡単には帰れない。一つのことに秀でなければ生きていけない環境に身を置いていましたから、批判とか気にしている場合じゃなかったです。

みどりが頼れるのは私だけですから、私にもしものことがあっても一人で生きていけるように、一日でも早く私の持っている技術、知っている知識のすべてをこの子に身につけさせたいと必死でした。

昔のインタビューなんかでは、みどりが「鬼のような指導だった」と言っていますが、あれは間違いですね。鬼が聞いたら怒るだろうというくらい、私のほうが怖かったと思います。

鈴木 ああ、そんなに……。褒めて伸ばすよりも、厳しく鍛えるというタイプですか。

五嶋 私はうちの子たちのヴァイオリンを褒めたことは一回もない。絶対に認めたことはないです。褒められたら気分がいいと思いますけど、褒められるのは人からでいいと思っています。私の場合は、ですよ。

この前、みどりがニューヨークの家で練習していた時、私ががーっと怒ったら「ママ、時々私のことを天才って言う人もいるのよ」と言うから、「その人が間違っている」と。「あんたみたいに三十六年間、ただただヴァイオリンだけを弾いてきた人が、そのぐらい弾けなかったらよっぽどバカだ」と言ってやったんですけど、私はそう思っています、うちの子に対しては。

鈴木 私はどちらかというと、イチローは褒めて育てたというか、欠点を突くより、長所を大いに伸ばすほうだったと思います。いいところに目をつけて、そして子どもにやりがいを与えるというやり方。

五嶋 いいですねぇ。それはお子さんも幸せだと思う（笑）。

鈴木 常に自分が一番いい選手だと思いなさい。だけど有頂天になってはいけないよ。いつも態度は控えめにしなさいと教えてきました。

具体的には、私の高校時代の野球部の同期を例に挙げていましたね。私は中高一貫の進学校に通っていて、野球部に入っていたといっても、それこそ遊びのような部活動でした。

その中に一人うまいやつがいて、彼は大学では慶應の野球部でレギュラーになった。中高と六年間、遊んでいるような野球をやっていても、六大学でレギュラーを取れるくらいだから、よっぽどセンスがあったんです。彼がもしも強豪校で真剣に野球をやっていたら絶対にプロになれたと思いますが、私から見たらその彼の高校三年生の時点よりも、小学校四年生の時点でのイチローのほうが、すべてにおいてセンスが上回っていたんです。

だから「お父さんの同期の高木君はプ

ロ野球選手になれるようなセンスを持っていたけど、高校三年生の時の高木君よりもいまのイチローのほうがすごいよ。だから絶対にプロ野球選手になれるよ」と言い続けました。

それと併せて、時々一緒にお風呂に入りながら、

「いいか、イチロー、男というものはな、何でもかんでもできるというわけにはいかない。一つのことに集中し、それを極める。たくさんの道ではなく、一本の道をどこまでも進んでいけば、その道はやがてあらゆる道に通じるんだぞ。一つのことを成し遂げた人のことは、人は必ず認めてくれる。男ならあれこれ迷わないで一つの道を行け。一つの生き方を貫くことが一番価値のあることだから、好きなことをどこまでもやってみることだ」

と教えてきました。

何よりも子どものそばにいることが好き

五嶋 少し話題は逸れるかもしれませんが、いまの教育では競争をさせちゃいけないっていいますけど、子どもの中で一番を目指すことは大人が考えるものとは違うんじゃないかなと思います。一番だろうが、五番だろうが、十番だろうが、あるいは陸上であろうが、ヴァイオリンであろうが、野球であろうが、「親は自分のことを愛してくれている、分け隔てなく愛してくれている」と知っていると、競争してもそれがプラスになっていくんですよね。

日本では受験戦争だとか何とかいいますけど、私は一緒に勉強しましたから。世間のお母様方も「私たちも一緒にやっています」とおっしゃるけど、それは夜食をつくったり、寝ないで起きているとかそういう意味ですよね。私の場合、同じ教科書で一緒に勉強しました。

ついこの前、龍がハーバードに入りましたが、十二月までは一緒に勉強していました。当然ちんぷんかんぷんです。でも、やっぱり親が分からないと子どものことを教育できないし、たとえ分からなくても分かろうと努力しなければいけないと思います。

そのせいなのか、子どもたちは「ママほど努力する人はいない」と言ってくれますね。

鈴木 私もイチローが親元にいた中学三年生までは、子どもより早く寝たことがないです。

五嶋 うちもないです。絶対先には寝ません。いまでもそうです。朝も必ず先に起きます。

鈴木 特に中学に入ると宿題も増えるし、中間・期末と試験もありますでしょう。そういう時は二時でも三時でも必ず起きて待っている。辞書や参考書を引く時間よりも、お父さんに聞いたほうが早いこともあるかもしれないから、いつでも持ってこいと。野球部は朝練もありましたから、一刻も早く寝かせてやりたい一心でした。

宿題も「お父さんがやれるところまでやっておくぞ」と言って先に寝かせて、結局できないまま持って行かせたこともあります(笑)。

五嶋 米国は宿題がたくさん出ますが、保護者に対して「一緒に手伝ってやって

人間としてオギャーと生まれたら、何かしらいいところがある。そこを見つけられるか見つけられないかで、子どもの運命が変わってしまうと思います　**鈴木**

くださいというスタンスなんです。全部親がやっても構わない。私は宿題に時間を取られるより、ヴァイオリンをさせたいと思いましたから、図画や工作なんかはほとんど私がやりましたね。ある日、息子が学校から帰ってきて「ママ、おめでとう」と言うから、「どうして？」と聞くと、「ママの描いた絵が図書室に貼ってあった」って。

鈴木　それと子どもより先に寝なかったのは、寝る前にイチローの足裏マッサージをやっていたからなんです。揉みながら、寝たかなと思うところでやめる。足のツボなんて何も分かりませんでしたけど、揉んでやれば気持ちよさそうに寝るから、また揉んでやりたくなる。

五嶋　うちも同じですよ。うちは毎日ではないですが、一週間に三、四日はやってきました。いまでも一緒にいる時はやります。こう、足の裏を揉むでしょう。もう寝たかなと思ってやめると「ママ、どうしたの？」って起きる（笑）。スキンシップがどうこうというより、子どもが気持ちよさそうだから、親としてしたいんです。だから、もう、私たちは根っから子どもが好きなんでしょうね。

鈴木　これは完全にそうですね。私の趣味は野球のほかにゴルフとかカラオケとかありますが、そちらへ行くよりも子どものそばにいるほうが断然楽しいんです。

「セツの教え方が世界一だ」

五嶋　私は野球はよく分からないんですけど、イチローさんの打つ時のあのフォーム、あれは独特で格好いいですよね。

鈴木　あれは体の小さいイチローが、どういう打ち方をすれば力負けをしないかと考えて生まれたものです。

五嶋　言われてみれば、イチローさんは背丈も横幅も、それほどは大きくないですよね。

鈴木　はい。子どもの頃はもっと華奢で、モヤシみたいな子でした。だからセオリーどおりの打ち方をしたら、力負けしてしまう。力負けをするようでは、選手としての魅力はないですから、体格の大きな選手にも負けない打ち方はどうすればよいかと考えて、思いついたのがゴルフのスウィングなんです。

五嶋　あれはゴルフですか？　私はどっちかといったら円月殺法みたいな感じを受けたんですけど。

あれを見てごらん、これをしてごらん、と具体的なところにまで口を出せる親が教育上手　五嶋

鈴木　おっしゃるとおり、まるっきり円月殺法ですけど、私としては女子の岡本綾子さんのスウィングをイメージして教えました。

五嶋　でも、そうやってアイデアや意見を子どもに与えることが教育なんですよ。ただ「いい選手になれ」とか「立派になれ」と言うだけでは、子どもはできません。あれを見てごらん、これをしてごらん、と具体的なところにまで口を出せる親が教育上手なんでしょう。

鈴木　そうやって小学校三年生の時からつくり上げてきた打ち方を、プロに入ったら監督さんがセオリーどおりに打てと言われるわけです。いままでの選手は全部こういう打ち方をしてきたから、変えなきゃダメだと。イチローは嫌だと断った。

　それがもとで一軍と二軍を行ったり来たりするわけですが、たった一人、二軍の河村健一郎コーチだけがイチローのフォームを支持してくれたんです。二軍に行くと河村コーチが支えてくれて、おかげでイチローもバラバラにならずに済んだと思っています。だから、そういう巡り合わせのようなものにも恵まれた子だったんですよ。

五嶋　野球で言うところの監督やコーチが音楽の場合は先生ですから、どんな先生につくかということが一つの大きな選択です。小さい時はその決断は親がするわけですからね。

　何人かの先生とお会いして、みどりが師事したディレイ先生に決めたのは、最後は私の勘でしたね。ぱっと一目見た時、この人だったらついていくという人間的魅力がありました。

鈴木　私も音楽のことはよく分かりませんけど、監督がチーム全体を指導する野球とは違って、もっと一対一の指導をするわけでしょう。より人間的な影響を受けますよね。

五嶋　それは大きかったですね。一番よかったのは、ディレイ先生はみどりに「セツの教え方が世界一だ」と言われるんですよ。世界中の音楽家が尊敬している先生が、娘にそう言ってくださる。

鈴木　それは効果抜群ですね。

五嶋　ええ、素晴らしい先生でした。

　また、音楽の世界では小さい頃は難解な曲はふさわしくないという考えがあります。要するに子どもは簡単な曲を弾けと。でもディレイ先生はみどりがどんな曲を練習しようとも、何も言いませんでした。自分が弾きたい曲を弾けばいい、とおっしゃっただけで、チャイコフスキーやパガニーニは早過ぎるとも言いま

せんでした。
　もっとも、十歳やそこらでそういう曲が弾けたのは、三歳の時から徹底して基礎をつけたからです。「ドレミファソラシド」の音階を「スケール」と呼びますが、「カーネギーホールのステージでスケールを弾ける人間になれ」と言い続けてきました。要するに野球ならホームランじゃなくて、走りこみとか、ノックとか、基礎練習の姿を見てもらっても恥ずかしくない基礎練習をしなさいと。
　ディレイ先生はそれを知っていらしたから、この曲を弾きたいと言っても、絶対に「NO」とは言わなかったです。
　そして、私は絶対子どもを褒めないけど、先生がとても褒めてくださる。そのコンビネーションがよかったと思っています。

子育てはいつも祈りとともに

五嶋　ところで、イチローさんはいままで野球をやめたいとか、言われたことありますか？

鈴木　一度だけありました。高校に入って一か月くらい経った時に、「お父さん、僕、野球をやめたい」と言いました。野球をするためにその高校に入りましたから、もう背筋が凍りましたよ。ただ、それはどうも本気でやめたいと思ったというよりは、私の気持ちを探ったみたいですね。

五嶋　でも、そういう時期があるということが健康なんですよ。それがなくて、何でもお父様の言うとおり「ハイ、ハイ」と従っていたら、これはある意味危険です。親を試すくらいの生意気さが必要ですね、男の子の場合。

鈴木　みどりさんや龍君は「やめたい」と言ったことはありましたか。

五嶋　一度もないです。みどりは三歳からヴァイオリンをやってきて、プロのヴァイオリニストになると宣言したのは二十九歳でした。それまではプロフェッショナルというよりは、「ヴァイオリンはするものだ」と思ってただやってきた。だけど、嫌でも何でもこれを職業にすると覚悟を決めたのが二十九歳。

　それまでにヴァイオリンをやめたいと一度も言わなかったけど、言えなかったんだろうと思いますね。だから二十代に入って体にいろいろな問題が出たんです。

鈴木　いろいろな問題というと？

五嶋　みどりの場合は非常に特殊な環境で育ちました。十歳の時に渡米して、母親以外は誰にも頼れない、話し相手も母親一人という環境が長く続いたせいか、十代に反抗期というものがまったくなくて、二十二、三歳の頃にうつ病と拒食症という形で現れました。

鈴木　……それはお母様としてはそばで見ていておつらかったでしょう。

五嶋　もう毎日涙ですね。私がこの子の不幸をつくった。といっても、私が代わりに背負ってやることも、取り除いてやることもできない。自分はなんていう親だと思いましたね。
　毎日自分を傷つけるみどりを見ながら、親としてはやってられない思いでしたけど、でも絶対に私は弱音は吐かなかったですね。彼女に悪かったとも言わなかったし。

この頃のお母さんは、すぐ「自分に自信がない」とか「私が悪かった」とか言いますけど、お母さんは悪いことなんてないです。思いっきり愛情を注いで育ててきた。だけど、現実としてそうなっただけですから、また一所懸命育てれば乗り越えられるんじゃないかと思いました。

鈴木　乗り越えるきっかけというのはあったのですか。

五嶋　ただただ時間でしょうね。

　それからイチローさんのような野球選手もそうだし、絵描きさんでも建築家でも、みんな世界中から夢を抱いて米国にやってきます。懸命に努力されても一軍に上がれずに終わる人もいる。逆に苦労に苦労を重ねて、上りついた人たちもいる。そういう人たちの生き様を見て、「まだいける」と。これだけ摂食障害で体を傷つけても、そういう人たちの苦労した姿をバネに、我々も生きていかなければならないと思いました。

鈴木　それを乗り越えての二十九歳でのプロ宣言、感激もひとしおですね。

五嶋　いいことばかりじゃないと思いますね、人生。きっとイチローさんも嫌なこと、つらいことはあっただろうし、これからだってあるかもしれない。

鈴木　当然ありますね。そんな時は親の思いとしては、こんなことをさせなきゃよかったと思うわけでしょう。

　いまでも私はイチローがデッドボールをクラって、倒れこんで、悶えて起き上がれない時は「あ、しまった、野球なんかさせなきゃよかった」と思いますよ。

五嶋　そう、もうそればっかり。レールを敷いたのは親ですからね。

鈴木　いまでこそイチローが活躍しているから、すべてをいいほうに取られますが、もしもドラフトにもかからずに野球人生を終えていたら、間違いなく私は息子の人生をダメにした親父です。

五嶋　私もそう。実際母親に言われましたからね。「あんたは自分のやっていることが分かってんのか」と。

　その時は一所懸命子育てしてきたから分からなかったけど、いまにして思えば「一歩間違ったら」という場面がたくさんありますね。本当に命が縮まるような思いは何度もありましたけど、常に祈るような気持ちで子どもたちと向き合ってきたように思います。

自分を律するところがないと子育てはできない

鈴木　おそらくみどりさんや龍君もそうでしょうけど、人はイチローを特別だと言います。

　しかし、私は人間としてオギャーと生まれたら、何かしらいいところがあると思っていまして、そこを見つけられるか見つけられないかで、子どもの運命が変わってしまうと思います。それを見つけてあげるのが一番身近にいる親の責任というか、義務であると私は思うんです。

五嶋　そのためにも、私は子どもたちに本物を見る素晴らしさを教えてあげないといけないと思います。イチローさんのような本物を、子どもに見せる機会を親はつくってやるべきなんです。

　子どもは敏感ですから、何かを一所懸命やり続けた人とか、道を極めた人とか、一流の人の持つ雰囲気をちゃんとキャッチします。

　イチローさんの真のヴァリューというのは、日本にいる人たちには分からないと思いますね。もう、イチローという人は大変な人なんです。別にお父様の前だから言うわけじゃなくて、この人はアメリカで誰よりも日本という国の地位を上げた人ですよ。彼がWBCで王（貞治）さんの日本代表へ行ってくれた時、我々はどれだけ喜んだか。

　向こうの人は自分のアイデンティティーを大切にします。国籍はアメリカでも、自分の親はアイルランドから来たとか、フランスから来たとか、そういうルーツをとても大事にするんですね。龍もみどりも自分が日本人だということをちゃんと分かっています。

　その人を見た時、その民族が誇りに思えるような人。イチローさんは我々日本人にとってそういう存在です。

鈴木　そんなことまで言っていただいて……。ありがとうございます。

五嶋　メジャーリーグでここまでの成績を残して、米国社会で認められるのは、そんな並大抵の苦労じゃないですよ。精神的にも肉体的にも限界までいって、それを乗り越えてここまでになれる。日本では成績には光を当てても、そこに至るまでの苦労を教えないですよね。自分のアイデンティティーをピシッと持って、苦労されて、それを乗り越えた人を讃えるような精神が、いまの日本の教育に欠けているような気がします。

鈴木　人はイチローのことを天才といいますが、私は違うと言っているんです。うちの息子は努力しなければできない子ですから、天才の二文字で片づけてもらっては困るんですね。

　おっしゃるとおり、イチローは人には見せませんけど、日本でも米国でも苦労はあったと思います。しかし人から見たら苦労でも、イチローは野球が好きだから苦労だと思っていないのかもしれない。どんな艱難辛苦であっても、野球に関することは何でも楽しいんです。

　イチローにとっての野球のように、子どもの中に何か一つでも秀でたものがあったり、打ち込める対象が見つかったら、親は最大限協力してあげなきゃいけないと思います。

五嶋　私も振り返ってみると、友達や知り合いとお昼にお茶を飲むとか、仕事以外では一度もやったことがないんです。もちろんお酒なんか飲みに行ったこともない。それならちょっとでも早く子どもたちの元へ駆けつけたいという思いがありますから、それは一生貫いていこうと思っています。やっぱり自分を律するところがないと、子どもは育てられないですよ。

鈴木　まったく同感です。子どもは絶対に親の背中を見て育ちます。親が自分を甘やかしたり、手を抜いたりしたら絶対に分かる。

　仕事と大人の付き合いに明け暮れて、家に帰れば寝るだけでは、子どもを持った男の人生としては中途半端です。溺愛でいいんです。少なくとも、二十歳になるまでは徹底的に子どもに付き合ってあげることですね。

　それが子どもの天真を見出し、発揮させる鍵になると思います。

3

楽しい！わくわく！が子どもたちの無限の可能性を引き出す

―子どもの個性・才能がぐんぐん育つ天才キッズクラブ式教育法―

子どもたちがめきめき才能を発揮することで注目を浴びている保育園「天才キッズクラブ」。その創設者である田中孝太郎氏に、具体的な事例や実践方法を多数交えながら、子どもたち、そして大人たちをも輝かせ、日本を元気にする「天才キッズクラブ式教育法」をお話しいただきました。

田中孝太郎

天才キッズクラブ理事長

たなか・こうたろう　昭和33年長野県生まれ。不動産会社勤務を経て、平成3年に独立、不動産業と共にブティック・アパレル会社を経営。21年に㈱ＴＫＣを設立。翌年保育園「天才キッズクラブ」を開園し、現在、神奈川県を中心に17の保育園と学童／課外教室を展開している。著書に『やらせない、教えない、無理強いしない天才キッズクラブ式「最高の教育」』（きずな出版）がある。

楽しく、わくわくで子どもの個性・才能がぐんぐん育つ

私が神奈川県に保育園「天才キッズクラブ」を開設したのは二〇一〇年、五十二歳の時でした。その理由は大きく二つ。

一つには、売り上げ至上主義、スパルタ式の社員教育で業績を伸ばしていったアパレル企業を倒産させてしまったこと。もう一つは、倒産を機に自分の四人の子どもの子育てに向き合うようになったり、幼児教育への関心が深まっていったことです。アパレル企業の失敗も含め、これまでの自分の経験を総動員すれば理想の保育園がつくれるはずだ。いや自分がつくらなければいけない——そう固く決意し、設立へと至ったのです。

最初は立地も決してよいとはいえないビルの一室から始まった本当に小さな保育園でしたが、試行錯誤をしながら一人ひとりの子ども、親御さんたちに向き合っていく中で、次第に「あの保育園では子どもの個性・才能がぐんぐん育つ」と評判になり、おかげさまで現在は神奈川を中心に十七の保育園、学童施設を運営しています。また最近はオンラインで当園のカリキュラムの一部が体験できる「オンライン天才キッズクラブ」も立ち上げ、利用していただいています。

実際、当園の子どもたちは四歳、五歳で倒立や側転、逆立ち歩きができる他、四～五段の跳び箱を軽々と跳び、ひらがな・カタカナ・漢字・英語・数字等のカードやカルタ遊びも大人が敵(かな)わないくらいのレベルでやってしまいます。さらに、読書が大好きになり、四歳で千六百冊の絵本を読んだ子もいます。

子どもたちは皆、とにかく楽しいから好きになります。好きなことに取り組むからどんな子も必ず本来持っている才能を発揮して輝くのです。

そんな当園の教育のテーマは、ずばり「楽しい！」です。とにかく何事にも楽しく笑顔で取り組む。ですから、当園ではこれまで「やらせない、教えない、無理強(じ)いしない」「一に楽しく、二に楽しく、三、四がなく、五に楽しく」という方針を徹底的に貫(つらぬ)いてきました。

それから、もう一つのテーマは「わくわく」です。子どもたちがわくわくしていることはもちろんですが、その環境をつくるためには、その周りの大人たちが何事にもわくわくしていることも大切です。大人たちが嫌々、辛(つら)そうにやっていることを子どもたちがやりたがるはずがありません。当園では先生方も常に「わくわく」で子どもたちに向き合っています。

子どもたちがわくわくする環境をつくるためには、その周りの大人たちが何事にもわくわくしていることも大切です

これまで十年以上、子どもたちに向き合い、子育てに関するいろんな勉強をしてきましたが、やはり厳しく叱るよりもその子の個性をありのままに認め、楽しく褒めて育てるほうが全体としては最も教育効果が高いと確信しています。やる気を育み、自分への自信、自己肯定感が高まっていけば、あとは周りが何も言わなくてもいろんなことに興味を持って挑戦し、ぐんぐん成長していくのが子どもなのです。

もちろん、スパルタ式で厳しく指導して伸びていく子もいます。が、その一方で才能を発揮する前に潰れていく子がたくさん出てしまうというのが実感です。

先日、ご縁をいただいたある狂言師の方も、教育に関しては全く同じことをおっしゃっていました。伝統芸能の世界では、子どもの頃からさぞ厳しい稽古、指導をしているのだろうと私は思っていたのですが、そうではないと。毎日長時間稽古をしつつも、十歳頃までは「よくできたね！」「すごいじゃないか！」と徹底的に褒め続ける。そして、もう狂言が楽しくて大好きで仕方がない、自分に対して自信がついたという時期から、初めて本物のプロになるための厳しい稽古がスタートするというのです。既に狂言が大好きになって、自分への自信もついていますから、努力を努力とも思わない、厳しい稽古も当たり前のことになってしまうそうです。

また、私が見学に行った名門のレスリング教室も、子どもに対しては、楽しく競技に取り組むことを第一にしていました。その教室の代表者の方は、レスリングをとにかく楽しむという方針でやってきたから世界で活躍する選手が出た、と

厳しく叱るよりもその子の個性をありのままに認め、楽しく褒めて育てるほうが全体としては最も教育効果が高いと確信しています

おっしゃっていました。

元気のないおとなしい子にスパルタは通用しませんし、落ちこぼれる子が出てしまいます。多くの子どもに通用するのは、「認めてあげる」教育です。「無理強いしない」「楽しくやる」、これはいま活躍する超一流選手たちの多くにも共通している指導法なのです。

「〜しなければならない」「〜しなさい」は禁句

とはいえ、かわいい我が子への思いから、ついつい多くの親御さんが「この子には〜を習わせないといけない」「〜を勉強させせなくてはいけない」、また、他の子どもと比べて「なぜあなたは〜できないの?」「もっと〜しなさい」と無理強いしたり、命令口調になってしまっているのではないでしょうか。

その親心はよく分かるのですが、これでは子どもは自分が興味がない、楽しいと思わないことを無理にやらされることになり、多くの場合は長続きしませんし、下手すると習い事や勉強が大嫌いになってしまいかねません。

ですから、特に幼児期の子どもには「〜させよう」「〜しなさい」という思いで向き合わない、これが何より大事な第一歩です。

では、具体的にはどうすればよいのかというと、先ほども述べたように、周りの大人が遊びなり、勉強なりに楽しそうにわくわく取り組む姿を見せることが何より大切です。

実際、当園では漢字や英語のカード遊びをするのにも、先生たち、時には見学に来られた外部の方々にも入っていただき、皆で一緒にわいわいゲーム感覚で取り組みます。数字の勉強にしても、例えば散歩をしながら「一、二、三、四、五、六、七、八、九、十……ロケット飛んでいけー!」と遊びながら数える。最後に先生が「ロケット飛んでいけー!」と言うのが楽しみで子どもたちは嬉々として数字を数えるわけです。歌遊びでも必ずアレンジして「とんとんとんとん、髭爺(ひげじい)さん、(髭が伸びていくジェスチャーで)ボヨーン！ とんとんとんとん、こぶ爺さん、(こぶが落ちるジェスチャーで)ポロン!」というように、楽しく学んでいく。そうすると、強制しなくても、楽しいからもう一回やりたい、もう一回聞きたいと、子どもたちのほうから言ってくる。そして何度も反復して行うため、漢字にせよ、英語にせよ、数字にせよ、遊びながらどんどん覚えていくのです。

それは家庭でも同じです。他の誰より

一人ひとりの頑張りを認め、名前を呼んでしっかり褒める。これが当園から落ちこぼれが出ない理由の一つだと思います

も大好きな自分のお母さん、お父さんが楽しそうにカード遊びをしていたり、歌を歌っていたら、子どももそれを真似してみたい、自分でやってみたいというふうになっていきます。あるいは読書でもそうで、子どもに読書をしてもらいたいと思ったら、まずお母さん、お父さんが楽しく本を読んでいる姿を見せることが一番の近道です。

ですから、「～しなさい」と言う前に、まず自分たちが子どもにやってほしいことに楽しくわくわく取り組む、これを意識してほしいと思います。

そして、実際に子どもが「自分もやりたい！」と何かに取り組んだ時には、できた、できないにかかわらず、「○○は本当にすごいね！」と名前を呼んで褒めてあげてください。褒めることで自己肯定感が高まり、次はもっと頑張ろうというやる気に繋がっていきます。

当園では毎朝近くの公園でマラソンをしているのですが、走っている五十人に対して「すごいね！」と声をかけても、誰に対して言われているのか分かりませんから、必ず一人ひとりの名前を呼んで「○○君、○○ちゃん、すごいね」と褒めています。足が速くていつもトップの子ばかりを褒めるのではなく、それぞれの子のいまの状況、持っている能力をありのままに褒めてあげる。それを続けていると、あまり走るのが得意でなかった子にも「自分にもできるんだ」と「やる気のスイッチ」が入って、それまでトップだった子を逆転してしまうということもあるのです。

一人ひとりの頑張りを認め、名前を呼んでしっかり褒める。これが当園から落ちこぼれが出ない理由の一つだと思います。

もしなかなかうまくいかないという子がいれば、いろんな工夫でその子に自信を持たせるようにしていきます。例えば、カード遊びでなかなかうまくいかず、やる気を失いそうになっている子がいれば、皆には分からないようその子の目線の先、すぐ近くにあるカードを読み上げ、獲らせてあげるのです。そして獲れたら徹底的に褒めてあげる。それを繰り返せば、その子も次第に自信とやる気を取り戻していきます。

その他にも、当園では子どもたちの自己肯定感を高め、やる気を引き出す取り組みを多数行っています。跳び箱を頑張って練習した子や先生の話をしっかり聞いた子など、毎日いろんな場面でその日の主役を決めて褒めてあげる「今日のチャンピオン」、友達の頑張りを一番応援していた人を皆の前で発表する「今日

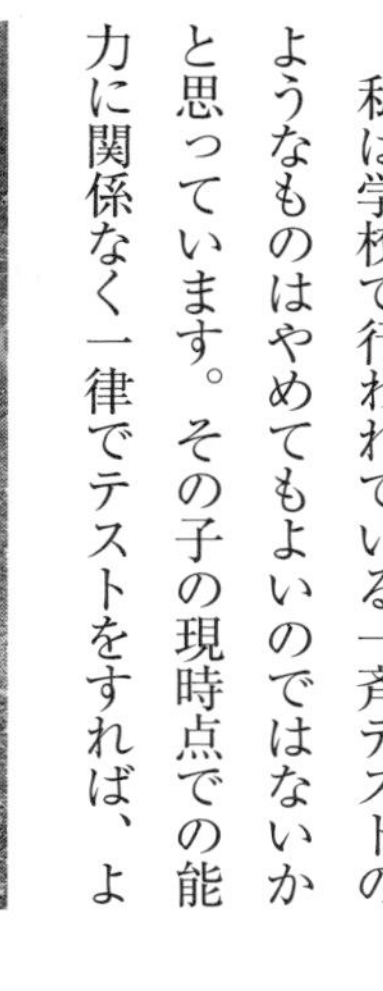

の応援チャンピオン」などがそれです。

私は学校で行われている一斉テストのようなものはやめてもよいのではないかと思っています。その子の現時点での能力に関係なく一律でテストをすれば、よい点数が取れなかった子は当然、周りと自分を比べるようになり、「自分はできないんだ」と自信をなくしていくでしょう。潜在的にはできる可能性を持っているにもかかわらずです。

それよりも、いまできていることを褒めてあげて、その子の能力に応じてテストを受けさせるようにすれば、日本の学校でも落ちこぼれていく子がもっと少なくなっていくはずだと思うのです。

子どもをよい方向に導く魔法の言葉

無理強いしない、よいところを褒めてあげる……、その大切さは分かったけれども、それだけではわがままな子に育ってしまわないか、言うことを聞かない子の対応はどうするのか、という疑問を抱かれる方も多いかもしれません。

もちろん、子どもたちのやる気を引き出す上手な褒め方があれば、上手な叱り方もあります。例えば、なかなか決められたことをやらない子に、普通なら「なんでこれをやらないの?」「どうしてできないの?」と過去のことに対して叱ってしまいがちです。しかし、それではできない理由探しになってしまい、子どものやる気をさらに削(そ)いでしまいます。

その代わりに「○○君はどうなりたいの?」「サッカー選手」「ああ、サッカー選手になりたいんだ。なら、そのためにはどうしたらいいかな?」と一緒に未来を考えてあげれば、その子の受け止め方も行動も全然違ってきます。つまり過去を責めるよりも、未来のよい姿をイメージさせるのです。

同様に、ある子が友達に悪口を言った場合でも、「そんなこと言ったらだめでしょう!」と叱ってしまえば、子どもはますます反発します。それを「いまなんて言ったの? 同じ悪口を自分が言われたらどう思う?」「悲しいです」「じゃあ、次はどうしたらいい?」「言わないようにする」「そうなんだ、すごいじゃない! 偉いね!」って言ってあげれば、叱られることが逆に褒められることへ変わると共に、その子自身で考え、答えを導き出したことに関してはしっかり守ってくれます。三歳、四歳の子でもそうです。

ですから、ちょっとした言葉がけの工夫、質問力が子どもの心のあり方、心の成長を左右していくのです。

大人が変われば子どもも変わる

ここまで当園で実践している子育て方法についてお話ししてきましたが、私が日本の教育で特に問題だと感じているのは、いまの子どもたちの多くが将来に対して夢を抱けていない、チャレンジ精神に乏しいということです。

それはなぜかと考えると、やはり、問題は子どもたちに接する大人たちの姿勢にあるのだと感じます。

例えば、ある講演会で保育士を目指す学生に「仕事をしている大人がどう見えますか?」という質問をしてみると、四十五人のうち四十四人が「大変そう」「辛そうに見える」と答えたのです。これでは誰も大人になろうと思えませんし、未来に希望を持って生きよう、チャレンジしようとも思わないでしょう。

子どもたちの教育と幸せは、何よりも周りの大人たち、特に最も身近なお母さん、お父さんの仕事や人生への向き合い方に影響されるのです。お母さん、お父さんが人生・仕事、未来に希望を持って楽しくわくわく生きていれば、子どもたちも自然とそうなるのです。

何度でも言いますが、大人も含めて「やらせない、教えない、無理強いしない」「一に楽しく、二に楽しく、三、四がなく、五に楽しく」、これが子育ての秘訣(ひけつ)です。

そして、どんな子どもも可能性は無限大、置かれた環境次第で例外なくものすごい才能、能力を発揮する、生まれ持った能力の差など関係がない。そのことも、これまでの実践の中で辿(たど)り着いた私の信念です。

能力開発の第一人者で、私の人生の師匠である西田文郎(ふみお)先生は、「自宅の電話番号を暗記できる人は皆天才なんだ」とおっしゃっていますが、人間は本来ものすごい能力を持っているのです。あとは、そのことに一人ひとりが気づいて、自分自身に自信を持って、何事にも楽しくわくわく取り組んでいけるかどうかです。

これからも、生き生き輝いた子どもたちを一人でも多く育て、天才キッズクラブの教育方法を世の中に広めていくことで、日本の子育て・教育を変え、日本全体の幸せの実現に貢献していければと願っています。

第二章

子育てに大切なもの

① 大切な子どもを皆で育もう

【対談】杉山芙沙子　次世代SMILE協会代表理事
原田隆史　原田教育研究所社長

② 徳のある子の育て方

田下昌明　医療法人　歓生会　豊岡中央病院会長

③ 赤ちゃんをしっかり抱き締めてあげてほしい

福江恭子　福田病院　助産師

①

【対談】大切な子どもを皆で育もう

原田隆史

原田教育研究所社長

はらだ・たかし　昭和35年大阪府生まれ。奈良教育大学卒業後、大阪市内の公立中学校に20年間勤務。問題を抱える教育現場を次々と立て直すと共に、独自の育成手法「原田メソッド」により、勤務3校目松虫中学校の陸上競技部を7年間で13回の日本一に導く。大阪市教職員退職後、企業研修・人材育成で５００社、10万人以上のビジネスパーソンを指導。著書に『書いて鍛えて強くなる！　原田式メンタル教育』（日本経済新聞出版）『最高の教師がマンガで教える勝利のメンタル』（日経ＢＰ）など多数。

子育ては、悩みや迷いの連続。
大切なわが子とどのように向き合い、
いかに導いていけばよいのでしょうか。
愛娘を世界トップへと導き、
いまは多くの親子の指導に取り組む杉山芙沙子さんと、
荒れた学校をスポーツで立て直し、現在は学校の枠を超え、
人材育成のスペシャリストとして活躍する原田隆史さんに、
母親の思い出やご自身の子育て体験、
そして数多くの子どもたちの指導に携わってきた知見を踏まえて、
子育てのあり方について語り合っていただきました。

杉山芙沙子

次世代SMILE協会代表理事

すぎやま・ふさこ　東京都生まれ。医学博士。聖心女子大学卒業。早稲田大学大学院スポーツ科学研究科修了。順天堂大学大学院医学研究科博士課程修了。テニスコーチとして多くのジュニア選手を育成。また、娘の杉山愛選手のコーチ、チームディレクターとして世界ツアーを共に転戦。著書に『一流選手の親はどこが違うのか』（新潮社）『子どもの可能性を伸ばすスポーツ共育』（フレーベル館）など。

人間力を育むことの大切さ

杉山　知人からぜひ会ってほしいと言われて、原田先生に初めてお目にかかったのは確か二〇一四年だったでしょうか。私もかなり熱い人間ですが、原田先生も相当ホットな方で、五分も経たないうちに意気投合してしまって（笑）。

原田　そうでしたね（笑）。杉山さんのことは、マスコミで拝見して以前から存じ上げていましたけど、実際にお目にかかってみるとてもピュアでいらっしゃって、いつでも本音でコミュニケーションしていただける。こんなことを申し上げると失礼かもしれませんけど、杉山さんとご一緒していると母の傍にいるような心地よさが感じられるんです。

杉山　私も原田先生には自分と同じ血が流れている感じがしているんですよ。いつも一緒にいるわけではないのに、どんな話を振ってもすぐにツーカーで語り合えるし、何でも相談させていただいてエネルギーをいただいています。

原田先生も私も、スポーツを通じて人を育ててきたという共通点がありますが、原田先生が素晴らしいと思うのは、技術だけでなく、心の持ち方や考え方の指導をすることでたくさんの子を日本一に導き、荒れた学校を立て直してこられたことです。

私はプロテニスプレーヤーだった娘の愛のコーチを務めた経験をもとに、大学院で選手の指導法について論文をまとめる中で、テニスの錦織圭選手や、ゴルフの石川遼選手、宮里藍選手のご両親にもお話を伺いました。そして、身体的に恵まれない日本のアスリートが世界で活躍できた要因として、技術を超えたところにある人間力を育むことの大切さに辿り着きました。ですから、原田先生の取り組んでこられたことにはとても共感を覚えています。

原田　僕は一九八三年に大学を出て、大阪で中学校の教師を二十年間務めました。当時は子どもたちが非常に荒れていた時代で、校内暴力や非行に向かう彼らのエネルギーをスポーツに向けさせて、社会で飯を食っていける力、要は人間力を養うことに取り組んできました。そうしたらすごい結果が出まして、荒れた学校が立ち直って、陸上競技で日本一になる子が七年間で十三人も育ったんです。

その実績を見た大学や企業からお呼びがかかって、四十二歳で教師を引退して教員の育成や企業研修、オリンピックのメダルを目指すアスリートや、プロアーティストの指導もさせていただくようになりました。現在はクラスジャパン小中学園というインターネットの学校の校長も務めて、全国の不登校の子どもたちの教育に携わったり、企業で心を病んだ社員さんのメンタル改善プログラムなどにも取り組んでいるんです。

これまでいろんな分野の方を指導してきましたけど、僕がやってきたのは具体的な技術のことではなくて、物事に臨む際の考え方や態度、感情、気持ちをどうコントロールしていくかというメンタルの部分なんです。氷山の上に見える行動と結果は、氷山の下にある思考、感情によって大きな影響を受けていて、そこをどうコントロールするかというのが僕の専門分野なんです。

子育ての十か条

杉山　私も原田先生と一緒で、テニスやサッカーや野球といった競技そのものを教えるのではなくて、指導させていただく選手や子どもたちの心と繋がる指導を心掛けています。

　私がいま指導者としてやっていけているのは、先ほど申し上げたように愛のコーチを引き受けたことが始まりでした。二〇〇〇年に愛が大スランプに陥った時、ジュニアの指導をしていた私に助けを求めてきて、「ママにコーチをお願いしたい」と言われたんです。その時の愛はテニスとまともに向き合うことすらできなくなっていて、私はとにかく娘の笑顔を取り戻してあげたい一心でコーチを引き受けたんです。

　それから随分大変な思いもしましたけど、九年間コーチを務める中で、おかげさまで愛はシングルスで世界八位、ダブルスで世界ナンバーワンという実績を上げることができました。

原田　親子二人三脚で、見事な実績を上げてこられましたね。

杉山　彼女の引退後は、この経験を若い人たちに役立ててほしいと考えて、先ほど申し上げたように早稲田大学の大学院に入って論文をまとめ、いまは東京の渋谷区と協力してスポーツをツールとした子育て指導で、年間約二万人の子どもたちと向き合っています。二年前からは東京の原宿で中高生専用ジムを始めました。そして今年八月から代官山で「ＡＳＯＢＵ」という中高生向けのジムも開始し、子どもたちのスポーツ指導を通じてペアレンツとも関わっていきたいと思っています。

　つい最近、パナソニックレディースオープンというゴルフ大会で上田桃子選手が久しぶりに優勝しました。彼女は賞金女王にもなったトッププロで、娘の愛も親しくさせていただいているんですけど、なかなか勝てなくなって悩んでおられた時期に、遠征先でお目にかかってお話をしたことがあるんです。

　そうしたら、この間優勝した時に愛のＬＩＮＥを通じて、「芙沙子さんの言葉を支えに頑張ってきました」と嬉しいメッセージをいただいたんです。私はそのことをすっかり忘れていたんですけど、彼女にはその時の私の言葉が心に刺さったみたいで、すごく嬉しかったですね。

原田　上田選手にはどんなお話をなさったのですか。

杉山　どんなにうまくなっても初心を忘れることなく、常に自分をアップデートし続けていくことが大切だというお話を

身体的にも恵まれないアスリートが世界で活躍できた要因として、技術を超えたところにある人間力を育む大切さに辿り着きました　**杉山**

させていただきました。彼女はその言葉をもとに、自分なりにいろいろ努力して見事に結果を出されたんです。

私がそうしていろんな方にお話ししていることや、子どもたちを指導する際のもとになっているのが、自分の体験から見出した「子どもを育てる上で大切にしている十か条」なんです。

一、互いを尊重し合うことの大切さ
二、求められていることの大切さ
三、「気づく」ことの大切さ
四、「目標を持って続けること」の大切さ
五、「正しい答え」は一つではないことの大切さ
六、「絶対評価」であることの大切さ
七、何でも「楽しく」してしまうことの大切さ
八、「励ます」ことの大切さ
九、「ほめる」ことの大切さ
十、「待つ、そして学び続ける」ことの大切さ

これは、先ほど触れた錦織圭選手や、石川遼選手、宮里藍選手といった世界的なトップアスリートを育てたご両親も共通して持たれていた考え方ですし、子育てだけでなく、人生の指針にもなる考え方だと実感しています。

待つことの大切さ

原田　いまご紹介いただいた子育ての十か条の十番目に「待つ」とありますけど、僕の母も待つことで僕を育んでくれました。子どもの頃の僕は夜尿症、対人恐怖症、赤面症でしてね。兄は運動神経抜群で、勉強もできて、生徒会長だったんですけど、僕はお使いに行ってお店の人とやり取りすることもできない。それから、夜尿症というのは経験した人でないと分からないんですけど、あれはすごく人間の自信を蝕むんですよ。朝起きる度に、あぁまたやってしまったと。

杉山　そんな大変な思いをなさっていたのですね。

原田　そこで叱られていたらいまの僕はないでしょうけど、母は決して怒らなかったんです。大人で夜尿症はおらんから心配せんでええ。いつか治ると。そして、優秀な兄に比べて弟はダメやと言われたことも一切ありませんでしたし、何でも好きに挑戦させてくれました。本当にありがたかったですね。

小学校の時に先生から、将来どんな仕事に就きたいか家で相談してくるように言われたことがありました。それで母のところに恐る恐る相談に行くと、「学校の先生になりなさい」と。冗談を言っているのかと思ったら、こう言ってくれたんです。

「先生の多くは勉強ができて優秀な人がなるけど、あんたみたいに精神的に弱くて、辛い経験をしている子が先生になったら、しんどい子の気持ちが分かる。そういう人がいないと学校は回らんから、あんたは先生になったらええ」と。

あの時は堪らず号泣しました。

杉山　お母様のその言葉で奮起されたのですね。

原田　ずっとダメだと思い込んでいた自分の心に、ポッと灯りが点るような思いでした。人は十年、二十年と長い時間をかけて育つものですけど、時にはたったひと言で覚醒することもある。言葉の持つ劇的な力というものを母に教わりました。

自由に羽ばたけるよう 背中を押してくれた母

杉山　原田先生のお母様の愛情がお話を伺っているだけでひしひしと伝わってくるのですが、私の母も限りない愛情とエネルギーを注いでくれましたし、家族を懸命に支える姿から、優しさと厳しさのメリハリというものも教えてくれました。

母は東京大学の看護学科を首席で卒業した優秀な人で、開業医の父を献身的に支えながら、主婦の務めもしっかり果たしていました。そんな母を父はとてもリスペクトしていて、母を慮ってよく一人で息抜きに出かけるように言っては、ご飯を炊いて待っていました。二人はずっとラブラブでしたね（笑）。

親から十分な愛情を受けてこなかったために、自分の子育てがうまくいかない方も多くいらっしゃいますが、私はありがたいことに両親から目いっぱい愛情を注がれて育ったと思います。

中学二年生の時に母から呼ばれて、「あなたは、家が病院だからといって医者にならなくてもいいのよ」と言われたことがあります。いまは多くの方が仕事と育児を両立されて本当にすごいと思いますが、当時の女性が両立させるのは大変なことで、母は自分の体験をもとに、私が将来を自由に決められるよう背中を押してくれたんです。私がいまこうして自分の好きな道を歩んでいられるのも、その母の言葉があったおかげです。

七年前に亡くなって、生きていれば九十八歳ですけど、葬儀の時に親戚の皆さんが、母の生前にはこんなことをしてもらった、あんなことをしてもらったと、口々に感謝の言葉を述べてくれました。母がこんなにも皆さんから慕われていたことを改めて実感して、自分がこの人の娘だということだけでどれほど自信になったか分かりません。

「自分を変える以外にないんやで」

原田　娘に無制限の愛を注がれた杉山さんのお母様は、ただ優しいだけでなく、仕事と主婦道の両立にも耐えてこられた強さもありますね。そういうメリハリのあるところは、僕の母とよく似ているように思います。

教職について最初に赴任したのは、生徒の服装が乱れ、校内のあちこちに煙草の吸い殻が落ちているような非常に荒れた学校でした。僕たち教師は、彼らの生活態度を直すために懸命に指導に取り組んでいたのですが、三年目に担任していた生徒が両親に殺されるという痛ましい事件が起きてしまいました。その生徒の家庭内暴力に悩んでいた両親が、寝ている間に殺めてしまったんです。

　それをきっかけに生徒たちの中に鬱積していたものが爆発して、窓ガラスを割る、教室にペンキをぶちまける、先生を殴るといった事件が毎日のように起こって、ストレスで学校に来られなくなる先生が続出しました。

　僕も髪の毛が抜けるくらいに精神的に追い込まれていました。ある朝学校に向かっていたら、胸はドキドキ苦しくなるし、全身から冷や汗が溢れ出てくる。もうあかんと思って学校に行く途中で家に引き返したことがあるんです。

　ところが、家に戻って母に「きょうは学校を休む」と言うと、いつも仏様のように優しい母の顔が厳しくなりましてね。「頭を出しなさい」と言って、髪の毛の抜けたところを油性のマジックで塗ってくれたんです。びっくりして顔を上げたら、母がボロボロ涙を流しながら言うんです。

「あんた、教師はつらいから辞めようと思ってるやろ。仕事を変えれば楽しい事に出合えるんか？　違うやろ。仕事を変えても一緒やで。自分を変えなさい。このまま尻尾を巻いて逃げ出しても、何も変わらへん。自分を変える以外にないんやで」と。あの時は泣きましたねぇ……。

杉山　きっとお母様もお辛かったでしょうけど、心を鬼にして息子を諭されたのですね。

原田　本当はどん底の息子を抱き締めて、「ここまでよう頑張ったな。もう辞めてもええよ」と言いたかったと思うんです。でも瞬間に態度を変えましたね。僕に止めどなく愛情を注いでくれた母でしたけど、けじめをつけるべきところではビシッと厳しく接してくれました。そして亡くなる時もその姿勢を貫いたんです。

　母は晩年にパーキンソン病を患い、十七年も闘病を続けましたけど、自分が死んでも絶対に仕事を空けてはならんと厳しく言われていました。そして、僕が京大アメフト部の研修に深夜まで臨んでいた日の、夜中の十二時に一度心臓が止まったんですけど、息子が大事な研修に臨んでいる最中に死ぬわけにはいかんということで、何と奇跡的に息を吹き返したんです。

杉山　すごい！

原田　その後、アメフトのシーズンが始まる前日まで頑張ってくれて、選手の士気を高めるために臨んだ講演会が終わってから亡くなったんです。

　お葬式の日も、朝から保険会社の研修会の予定が入っていて、事情をお伝えすれば休めないこともなかったんですけど、「仕事を空けたらあかん」という母の言葉を守って会場へ向かいました。結局、研修を終えて帰ってきた時にはもうお葬式は終わっていました。

ですから、親はわが子に見返りを求めない愛情を注ぐ一方で、ここぞというところではビシッと締めなければならない。優しさと厳しさのバランスを取ることの大切さを、母は教えてくれました。

常に自分をアップデートさせる

杉山　原田先生のお母様のお話を伺っていると、私のまとめた子育ての十か条がすべて当てはまるんです。それは決して取ってつけたものではないんですね。私の両親も、私自身もそうでしたけど、生活の中で自然な形で伝えていくことで、子どもたちの心に深く染み込んでいくのだと思います。

ですから、一日一日を丁寧に生きていくことがとても大事で、そういう親が傍にいるというだけで、子どもはよい感化を受けるものです。私自身も母と父からよい感化を受けたおかげで、二人の娘ともしっかり向き合うことができました。

私が愛のコーチを引き受けて共に世界を転戦するのを見て、いつも愛とだけ一緒にいる印象を持たれた方もいらっしゃるのですが、決してそんなことはないんです。

愛が十六歳でウィンブルドン・ジュニアの試合に選ばれた時は、妹の舞が十歳で塾に通い始めた頃で、いまは舞にとって大事な時期だと考えて愛にはついていきませんでした。逆に、舞がアメリカへ留学した時は、愛のツアーにずっと帯同（たいどう）しましたし、その時々でバランスを取りながら育児をしてきたつもりです。だから後ろめたく思ったことはないし、信念を持って子どもたちに接していけばいいと思ってやってきました。

もう一つ心掛けてきたのは、常に勉強を怠（おこた）らず、自分をアップデートさせながら子どもに向き合っていくことです。子どもというのはどんどん成長していくので、ある日いきなり自分と違う意見を言われてハッとすることもあるでしょう。そんな時につい「何反抗してるの！」って抑えつけてしまいがちですけど、いやいや、お子さんはあなたを超え始めていますよと（笑）。

私は反抗期を「過渡期」と呼んでいるのですが、子どもの過渡期を受け入れられるように、常に努力して自分をアップデートさせていくこと。そういう姿勢を持ち続けて、子どもと一緒に成長していけたら素敵だと思いますね。

長所に気づく条件を整えてあげること

原田　僕も杉山さんと一緒で娘が二人いますけど、母親と父親ではわが子との向き合い方はだいぶ違うでしょうね。僕の場合、つい情が入り過ぎてしまうので、あまり入れ込み過ぎないように、母から教わった「待つ」ということを心掛けるようにしてきました。

もう一つ心掛けたのが長所を伸ばしてあげることです。上の子は小さい頃からコミュニケーション能力が抜群で、人を楽しませることが大好きなエンターテイナーでした。バレエを四歳から習っていましたけど、形の正確さを競う大会ではあまり楽しそうには見えなかったんですが、年に二回の定期発表会では別人のようにイキイキと演技している。案の定、彼女は劇団四季に入って、いまは「コーラスライン」や「キャッツ」などの舞台で日本中を回らせていただいています。

　下の子は運動が苦手でバレエは途中でやめましたけど、英語のほうでスイッチ入りましたね。海外で勉強を重ねて、この春ホテルに就職することができました。

　長所を生涯の仕事にできた人は幸せです。ですから、一人ひとりが長所発揮して活躍できるように条件を整えてあげることが、親や指導者の一番大切な役割だと思います。

杉山　私が行き着いたのもそこで、最近は凸（とつ）コーチングというのに力を入れているんです。その子のよいところに焦点を当てて伸ばす指導法なのですが、長所を伸ばすと凹（へこ）んでいるところも一緒に上がっていくんですよ。

　長所というのは見つけてあげるのではなく、本人が気づくのが一番いいと思います。そのためにいろんなきっかけを与えてあげたり、環境を整えてあげたりするのが、親や指導者の役割だと思います。

原田　自分で気づかせるというのはとても大切ですね。

　僕が中学校の部活で指導していた陸上競技のフィールド競技には八種目あって、入部してきた子がどれに向いているかというのはすぐ分かるんです。ですから最初は、「君は砲丸投げが向いているからやりなさい」ってこちらで選んでやらせていたんです。ところがそうやって他人が介入して決めてしまうと、伸び悩んだり失敗した時に「先生が砲丸投げをやれって言ったのに」と不満を抱いて人のせいにしてしまうんですよ。

　指導を続けて行く中でそのことを痛いほど感じたものですから、ある時期から子どもたちに自分で種目を決めさせるようにしたんです。最初は向いていない種目を選ぶ子もいるんですけど、やっているうちに自分で気づいて修正するんです。

　条件や環境は与えるけれども答えは教えないことが大事で、本人が気づくまで待てるのが優れた指導者ではないかと僕は思いますね。勝ちを焦ったり、早く結果を求めてそこを短縮してしまうと、ある程度のところまでは行くんですけど、世界に旅立つほどのトップアスリートは育たないと思います。

日本一を目指した陸上部の生徒たちと原田氏

子どもの自信を育むには

杉山　子育てにおいても、親の導き方はとても大切ですね。その意味では、自分の愛情を子どもにどういうふうに伝えていくかを常に考え続けることも必要です。どう伝えたらわが子の心に響くか、わが子の心の奥底にあるものを引き出してあげることができるか。主体はあくまでも子どもであって、親は子どものサポーターなんです。そして親は、少しでもいいサポーターになるための努力を生涯続けていくものだと思いますね。

　子どもに自信をつけてあげるために、お母さん方に一つテクニックとしてお伝えすると、正しい目標設定をすることがとても大切だと思います。

「十か条」の子育てで笑顔溢れる杉山家

　泳げない子に、まず顔を水につけられるようになろうと言って、それができるようになったら達成感があると思うんですね。でも、せっかくだから泳げるまでもっとやりなさいって無理強いして、途中でやめてしまったら、挫折感ばかりが残ってしまいます。

　ですから、目標を適切に設定して達成していくことが大事で、それを一つひとつ積み重ねていくことによって自信や自己肯定感が育まれていくと思うんです。小さな目標でいいので、親子でしっかり話し合ってその子に相応しい目標を定めていくといいなと思います。

原田　自分にもできたという小さな体験、小成功を積み重ねていくことはとても大事ですね。

　僕は中学校の陸上部を受け持っていた時から日誌を使って指導してきたんですけど、生徒たちにはそこに必ずその日できたことを書かせていました。それから、まだ結果は出ていないけどこれを頑張っているという、途中のプロセス。さらには、頑張ることによって継続する力がついたといった、精神的、人間的な成長についても記録していく。そして最後に、三百六十五日陸上競技の練習を頑張っていること自体が素晴らしいんだよと。目標に挑戦している君たちこそが一番偉いんだと言ってあげると、皆ニンマリして喜ぶんです（笑）。

杉山　それを続けていくと、とても大きな力が養われていくでしょうね。

原田　そうなんです。小さな成功を意識して積み重ねて、一つできたら思いっきり喜ぶ。僕が荒れた学校や家庭環境に恵まれない子どもたちを導くことができたのは、彼らに小さな成功を積ませて、それを人の百倍、二百倍に喜ぶ感性を身につけさせたからだと思います。

　毎日練習が終わると、子どもたちに一つでいいからその日にできたこと、感謝したことを書かせる。それを皆の前でプレゼンして、褒め合って帰るのが練習の締め括りの儀式で、子どもたちは毎日元気ワクワクで帰って行く。それを中学時代の三年間、千日続けることで、千個の自信が育まれるんです。

やり切る習慣。これは目標を達成する上で不可欠です。部活の練習でも人生でも、ここは絶対にやらせなければダメだという場面があります

原田

自信は、日々の習慣によって養われていくものでもあります。スポーツでは、その場の状況や空気を読めない子は勝てないんですけれども、そういう力を養う上でとても効果的なのがお掃除です。お掃除をやっていると、小さなゴミにもすぐ目に留まるようになって、気づく人になる。

そうしたよい習慣を身につけていく際にも日誌を書くことが有効です。きょうも掃除をしたらマル。布団を上げたらマルというふうに、日誌に項目を設けてチェックしていくんです。そうして自分の周りの環境が整っていけば、自ずとパフォーマンスも上がって、実力を発揮できるようになります。そういう習慣を小さい頃から身につけておくといいですよね。

あとはやり切る習慣。これは目標を達成する上で不可欠です。部活の練習でも人生でも、ここは絶対にやらせなければダメだという場面があります。これは先ほどの優しさと厳しさの話にも通じると思いますが、そのような時には全力で支えて、何としてもやり切らせます。そして、やり切ったらまた日誌に頑張ったこととして文字で記録し、マルをつけていく。

伸びる子は、そういう指導を素直に実行しますし、そうして自信がついて、明るくなっていくことでますます成長していきます。

日本中で子どもたちを育てよう

杉山　子どもの自信を育むためには、やっぱりお母さん方にも自信を持って子育てに臨んでほしいですね。いろいろ迷うことも多いと思うのですが、百組の親子がいれば、百通りの子育てがある。私はこの育て方がいいんだって自信を持って子育てに臨んでほしいし、そうして自己肯定感の高いお母さんからはやっぱり自己肯定感の高い子が育ちます。いまはどのお母さんもスマホをご覧になると思いますけど、どうせ見るならネガティブな情報ではなくて、自分の自信や自己肯定感を育んでくれるようなよい情報にアンテナを張って、自信を持って子育てに臨める環境をつくってほしいですね。

原田　冒頭で、不登校の子どもたちを育てるクラスジャパン小中学園のことに少し触れましたけど、子どもが不登校になると親御さんは「子育てに失敗してしまった」「うちの子が不登校になって恥ずかしい」と罪悪感を抱いて、隠そうとするんです。

一つの学校、一つの学級だけ見ていると、不登校の数が少ないので目立つかもしれません。けれども、日本には不登校の小中校生が十九万人、引きこもりが百

万人、合計百十九万人も問題を抱えた子がいるんですよってお伝えすると、親御さんは気が楽になったとおっしゃいます。

だから子育て中のお母さんたちに伝えたいんです。頼ってもいいよと。一人で抱え込んでストレスで潰れてしまったり、虐待に至ったりする例もたくさん見てきたので、そうなる前に人に頼りましょうと。日本中で子どもを育てようというのがクラスジャパンのテーマです。そういう社会にしていきたいという思いで活動しているんです。

杉山　皆で子どもたちを育てていくというのは、これからの日本ではとても重要なテーマですね。

子育てというのはある意味、一人のアスリートを世界へ導くより大変な営みとも言えると思うんです。だからこそ、お母さんがワンオペになって潰れてしまわないように、社会も含めて周りの方たちにもっともっとその営みの尊さを理解していただいて、お母さんたちが子育てに誇りを持って取り組めるようにサポートしていただきたいですね。

子育てという営みを精いっぱい楽しんで

杉山　人間は最期に、ああいい人生だったって納得できるところへ向かって歩いていくものだと思います。いまは人生百年時代といわれていますけど、その長い人生の中で、子育てをする時期というのはほんの一時期です。その限られた時期をどう生かすかという視点に立つと、やっぱり母親業、子育て業って本当に尊い営みだと思うんですよ。

私は、教育を「共育」と書いて、わが子を育てることを通して親も一緒に成長しようというお話をいつもさせていただいているのですが、自分自身が子育てを通じてわが子から育ててもらったという思いがすごくあります。

だから子育て中のお母さんたちにも、いま自分がかけがえのない時を過ごしていることを理解してほしいんです。目の前のお子さんからとても貴重な勉強をさせてもらうチャンスをもらっているんだから、それを使わない手はないよ。これほど自分を磨けるツールはないから、使わない手はないよって伝えたい。そして、ぜひ子育てを楽しんでもらいたいんです。

原田　本当にそうですね。僕も、お母さん方が子育てを楽しんでくださることを心から願っています。

杉山　私が大切にしている哲学の一つが、子育ての十か条にも掲げている「楽しむ」ことなんです。そして、もし自分の取り組んでいることが楽しめていなかったら、どこかやり方を間違っているのではないかと、立ち止まって自分を振り返るようにしています。

子育て中のお母さんも、自分が楽しんでいなかったら子どももつまらないし、パートナーも楽しくないことを理解してほしいですね。

もちろん、楽しむこと以外のキーワードを掲げても構いません。自分の一番しっくりくる、軸になるキーワードを持って、迷ったり悩んだりする度にそこに立ち返っていただくことで、子育てに自信を持って取り組んでいただきたいと願っています。

2

徳のある子の育て方

小児科医として約半世紀。
田下昌明さんは百万人に及ぶ母と子を見守り続けてこられました。
そして思うのは、母子の接触が希薄になっていく最近の子育てのあり方だといいます。
数多くの親子と接してこられた田下さんが説く子育ての根幹とは——。

田下昌明

医療法人　歓生会　豊岡中央病院会長

たしも・まさあき　昭和12年北海道生まれ。北海道大学医学部卒、同大学院医学研究科修了。医学博士。現在、医療法人歓生会豊岡中央病院会長。旭川医科大学臨床指導教授を兼務。著書に『よい子はこうして育つ』(三晃書房)『田下昌明の子育て健康教室』『母の積木』(共に日本教育新聞社)『「子育て」が危ない』(日本政策研究センター)など。

人間たらしめる人格形成の根本

——田下先生は小児科医としての豊富なご体験から、いま日本の子育ては大変危ないと説いていらっしゃいます。

田下　子育て論の前に老人の話をさせてください。私のところには介護保険による老人保健施設もあって、約百人のお年寄りのお世話をしています。

　老人ですから人生経験を積まれて、いろいろなものを身につけていらっしゃる。それが老いとともに剝げ落ちていくんですね。その剝げ方には順序があって、後から身についたものから順に剝げ落ちていく。

——ラッキョウの皮をむくように。

田下　本当にそうです。ラッキョウの皮のように外側から、つまり後から身につけたものから剝げていく。で、最後まで残るものは何か。それは生まれる前後から乳幼児期にかけて身につけたものなんですね。このことは人間を人間たらしめるもの、人格形成の根本は何かを示していると思います。

——人間の一生にとっていかに乳幼児期が大事か、ということですね。

田下　その通りです。この時期に身につけたものはその人の一生を左右すると言って過言ではない。その時期に人格形成を阻害するものがあったとしても、その後の人生で克服するのは不可能ではないかもしれない。しかし、それは一生を通じて苦闘し続けなければならないほど大きなものであることは確かです。

——乳幼児期の重大さ、子育ての大事さがうなずけます。

田下　いや、子育ては乳児期から始まるのではありません。母親の胎内にいる時からスタートしているのです。

——胎教ですか。

田下　胎教も重要ですが、それは方法です。もっと根本的なものですね。最近は出生前心理学として、この方面の研究もだいぶ進んでいますよ。

——どういうことでしょう。

田下　妊婦は四つのタイプに分けられるんですね。①妊婦自身も周囲の人たちも妊娠、出産を喜んでいる。②妊婦自身は喜んでいるが、周囲は歓迎していない。③周囲は歓迎しているが、妊婦自身は産みたくない。④妊婦も周囲も歓迎していない。この四つです。これ以外はありません。

　ザルツブルク大学教授のゲルハルト・ロットマン博士はこの四タイプの妊婦から生まれた子どもを調査し、次のような

お母さんの考えていること、感じていることを胎児はみんな分かっている。それを受け止め、人格の最も土台となるものをつくり始めているんです

生命が受け継がれていくというのは、文化や伝統が継承されるということです

結果を得ました。①の子は肉体的精神的に健康です。また妊娠経過がよく、出産の苦痛も少ないんです。②の子は二面的な価値観にとらわれる。つまり、裏表のある人間になるということです。それに胃腸に問題のある子が目立つ。③は早産や低体重児の割合が高い。④の子は感受性に乏しく、無気力な子が多い。

私も調べましたが、ロットマン博士の結論には全く同感です。

――妊婦の心理状態が影響する。

田下　そうです。母から子へのインフォメーションの方法は三通りあります。胎生四か月で目、耳、口、舌といった器官が全部完成し、五感が機能するんです。感覚を通して伝わってくる。それからホルモンですね。お母さんが戦慄を覚える、悲しい思いをする。そういう時に分泌されるホルモンが胎児に影響する。三つ目は波動とでも言えばいいのか、お母さんに共感するものが胎児には備わっているんですよ。

お母さんの考えていること、感じていることを胎児はみんな分かっている。それを受け止め、人格の最も土台となるものをつくり始めているんです。

先祖から受け継ぐ生命のつながり

――お話を伺っていて、身が引き締まるというか、厳粛なものを感じます。

田下　私の話をそのように受け止めてもらえたら嬉しいですね。

人間はなぜ子を産み、育てるのか。考えてごらんなさい。たくさんの先祖がいて、生命が脈々と受け継がれてきて、自分はここにいるわけです。先祖の誰か一人が欠けても、自分はいなかった。この事実が人間はなぜ子を産み、育てるのかの答えです。

私たちは誰もが継承されていく生命の繋がりの中に存在するんですね。つまり、生まれてくる子は自分の子であるが、自分一人のものではない。たくさんいる先祖のものだということです。生命が受け継がれていくというのは、文化や伝統が継承されるということです。自分が先祖から受け継いだものをわが子に渡していくんです。

――それが人間が子を産み、育てていく意義ですね。

田下　それを原点にすると、生まれた子どもがどういう人間になってほしいかはおのずと明確でしょう。生命の繋がりの中で先祖から継承されるものを受け取り、それを次に渡していくにふさわしい人格。これは別の言い方をすれば、徳のある人

格ということです。そういう徳を備えた人間になってほしいということです。その根本を培うのが乳幼児期の子育てなんですね。

――それは胎内から始まっている。お母さんが妊娠、出産を喜び、周りもそれを歓迎している。多くの子がそういう環境に生まれてきてほしいですね。

田下　本当にそう願わずにはいられません。いま結婚のあり方が様々な価値観の中で揺れ動き、混乱している。結婚の問題は紙幅の関係があるから踏み込みませんが、いま述べたことを原点にすれば、結婚がどうあらねばならないかは明らかだと思います。

――そして、赤ちゃんの誕生です。

田下　イギリスの精神科医のJ・ボウルビィという人が乳幼児の心の発達段階を研究しました。それを簡潔にまとめると次のようになります。

第一段階は生後六か月までです。これは幼児が特定の人物、つまりお母さんですね、これをはっきり認識する時期です。これは対人関係を確立する第一歩になる。

第二段階はいつも身近にいる相手として、絶えずお母さんを必要とする時期で、これは三歳までです。第三段階が三歳以降ですね。第一段階と第二段階をしっかり通過すれば、お母さんがそばにいなくても、お母さんとの精神的関係が維持できるようになる。

――三歳までが重要なんですね。それもお母さんとの関係ですね。

田下　私が医師免許を取得したのは昭和四十年です。以来三十九年間、ずうっと小児科医として子どもを診(み)てきている。ごく大雑把ですが、ざっと百万人は診ている。ということは、その背後の百万人のお母さんを見てきたわけです。

その経験からも言えることだが、幼児の心の発達段階についてのボウルビィの説には全面的に賛成です。この心の発達段階を踏まえたものが子育てのポイントになる、ということですね。

母子一体感を形成する

――そのポイントとは。

田下　まず、生まれてからの一時間が非常に大切だと私は思っています。赤ちゃんがしっかり覚醒(かくせい)しているからです。

――一時間ですか。

田下　いま、ほとんどの赤ちゃんは煌々(こうこう)

乳幼児の心の発達段階

生後6か月まで	～生後6週間	母子の間に根源的な信頼が培われる
	生後6週間～	インプリンティングがなされ、特定の人物(母)をはっきりと認識する
6か月～3歳	子どもは絶えず母を必要とし、母子の一体感が形成される	
3歳以降	離れていても1週間ぐらいなら母子の精神的関係が維持できるようになる	
5歳以降	1年間ぐらいは母の不在に耐えられる	

三歳までの子育ては母子の一体感をつくることがすべてだと言っていいと思うんです

と明るい分娩室で生まれますよね。赤ちゃんには産声がつきもののように思われているが、産声を上げない赤ちゃんも多い。

　そういう赤ちゃんは足首を掴まれて逆さにされ、ポンポンと尻を叩かれる。これは産声を上げさせて呼吸していることを確かめるためだが、そんなことをしなくても呼吸しているかどうかは分かりますよ。だが、産婦人科医の多くはそういうやり方をしている。

　そして臍の緒を切られ、冷たいトレイに乗せられて目方を量られる。これは赤ちゃんには大変な暴力で、まさに地獄の責め苦です。

　そうではなく、これはルボワイエやピアスをはじめ多くの医師が熱心に提唱しているのですが、なるべく薄暗い静かな環境で出産して、生まれたら臍の緒をつけたまま、赤ちゃんをお母さんのお腹に乗っけるんです。すると、赤ちゃんはどうすると思いますか。

――さあ。

田下　ずっていくというのか、自力で乳首を求めて近づいていくんですよ。

――それは感動的ですね。

田下　そして乳首に吸いつき、お母さんの顔を見る。

――見えるんですか。

田下　三十センチから六十センチは完全に見えます。赤ちゃんが乳首に吸いついた位置から見える場所にお母さんの顔がある。本当にうまくつくられていますよ。

　これはお母さんにとっても重要なんです。赤ちゃんが乳首に吸いつくと、母の体内にプロラクチンとオキシトシンというホルモンが出るんです。プロラクチンは乳腺刺激ホルモンで、母乳を製造する。またプロラクチンは別名愛情ホルモンともいわれ、わが子への注意力が十倍にも百倍にもなる。つまり、母性愛が強く喚起される。

　赤ちゃんが胎内にいる時、お母さんからのインフォメーションで培われたもの、それは絆と呼ぶべきものの発生です。その母子の絆がこのことによってしっかりと根づくんです。

――お母さんと赤ちゃんは母子の相互作用によって母になり子になると言えますね。

田下　まさにその通りです。オキシトシンは子宮や乳腺の筋肉を収縮させますが、出産後一時間を過ぎると出方が鈍ります。だから、赤ちゃんが乳首に吸いつくのは、一時間以内にぜひやってほしいことです。

――それが子育ての出発点ですね。

田下　ボウルビィのいう心の発達の第一、

第二段階を私なりに区分けすると、生後六週目までに母子の根源的な関係、原信頼といったものが培われます。そして生後六か月までにインプリンティング、刷り込みですね、これがなされ、それを土台にして母子の一体感が三歳までに醸成される。そういう図式です。

　では、これをなすものは何か。お母さんの温かい胸です。これに尽きる。

——お母さんの温かい胸、ですか。

田下　お母さんの柔らかく優しい乳房の感触。ほの温かい体温。見上げればお母さんの笑顔、様々に変わる表情。語り掛けてくる言葉。それらが母子一体感をつくるんです。

　私はね、三歳までの子育ては母子の一体感をつくることがすべてだと言っていいと思うんです。母子一体感こそ人間を人間たらしめる根本、人格の土台なんです。

　ある時期、赤ちゃんは人見知りをするでしょう。それまで赤ちゃんはお母さんの顔を自分の顔と思っているんです。そこに全く違う顔が出てくる。そこで母親の存在を認識し、ほかの存在があることも認識する。これが赤ちゃんの人見知りで、それは人間関係を確立することに繋がっていく。

　また、赤ちゃんは動き回るお母さんを目で追いますよね。あっちのドアから出ていった時はすぐ戻ってくるが、こっちのドアは玄関に通じていてなかなか戻ってこない。そういうことが赤ちゃんはだんだん分かってきて、こっちのドアからお母さんが出ていくと泣く。これは時間を認識し始めることなんです。つまり、抽象化、概念化ができるようになる出発点なんですね。

——すると、六か月、いや三歳までの子育てのポイントはどうなりますか。

田下　乱暴な言い方に聞こえるかもしれないが、抱き癖をつけることです。

たっぷりオッパイを たっぷり抱っこを

——抱き癖？

田下　そうです。お母さんがいつもそばにいないと、抱き癖はつきませんからね。抱き癖がついたら、母子一体感がしっかりしたものになっていると思っていい。

——抱き癖はよくないという考えもありますが。

田下　抱き癖をつけると自立心が損なわれるというんでしょう。スポック博士の育児書なんかで盛んに言われました。だが、あれは百パーセント間違いです。

　子どもの自由とか自立とかしきりに言

子育ての主演女優はお母さんです。母親と幼児が舞台いっぱいを使って母子一体感をつくり上げる。それを支える舞台の床板。それがお父さんの役割です

女性は偉大なんです。そのことを女性自身が、そして周りが理解すれば、日本の子育ては危ないことはありません

う。これはどういうことか。英語で言うと分かりがいい。英語ではfree from～、independent of～です。つまり、何々からの自由であり、何々からの自立なんですね。その何々、つまり自分の拠りどころ、居場所があって初めて自由、自立ということが出てくるんです。

その拠りどころ、居場所の根源となるものが、しっかりした母子一体感なんです。だから、お母さんはたっぷりとオッパイを飲ませてください。たっぷりと抱っこしてやってください。

それにそもそも幼児は、自由や自立を求めていますか。

――さあ、そうは思えませんね。

田下　でしょう。幼児は二歳くらいになると、お母さんが喜ぶことをしようとします。これは善悪の判断の根っこになるものですが、これを見ても分かるように、幼児は自由や自立なんか求めていません。求めているのは強い保護であり、強い指導なんです。

――強い保護。強い指導。

田下　そうです。だから躾に理屈は不要なんです。何をしてほしいか、どうすればいいかなんて、子どもの意見を聞く必要もない。してはいけないことはいけないと禁止する。するべきことはしなさいと命じる。たっぷり抱っこして母子一体感がしっかりしていれば、これで十分です。

よく躾として、人に迷惑をかけない人になれ、などと言いますね。こんな訳の分からない理屈を言うから駄目なんです。それなら人に迷惑をかけなければ何をしてもいいという理屈になってしまうじゃありませんか。

私はよく、子育てを芝居に例えるんですよ。子育ての主演女優はお母さんです。幼児は子役ですね。母親と幼児が舞台いっぱいを使って母子一体感をつくり上げる。それを支える舞台の床板。それがお父さんの役割です。父親が後ろ盾となって支えるというのは、父母が深い愛情で結ばれているということです。そのことが母親を安定させて、母子一体感の形成をスムーズにするんです。

人にはそれぞれの環境があり、いろいろな条件があるでしょう。だが、母子一体感の形成という一点を踏み外さず、周りがしっかり支える。これがあれば、幼児は徳のある人格に育っていきます。

――徳をつくるのは女性である、とも言えますね。

田下　そうですよ。女性は偉大なんです。そのことを女性自身が、そして周りが理解すれば、日本の子育ては危ないことはありません。

コラム　母の教え①

「おかげさま」と「身から出たサビ」

山中 伸弥
京都大学
iPS細胞研究所所長

私は子どもの頃から病弱で、中学に上がった時も、ガリガリの体形でした。そんなんじゃダメだと父親に言われ、柔道部に入ったんです。高校を卒業するまでの六年間、一所懸命に取り組みました。

柔道だけに限りませんけれども、普段の練習は実に単調なんですね。毎日二、三時間ほど練習しましたが、とにかく苦しいし、楽しくない。

その上、柔道は試合が少ないんです。野球やサッカーはしょっちゅう試合があるから、モチベーションを保ちやすいと思うんですけど、柔道の場合、三百六十五日のうち三百六十日は練習で、残りの五日が試合。試合に勝ち進めばまだいいですけど、負けたらまた半年間はひたすら練習をする。

その単調さに負けない精神力、忍耐力はものすごく身につきました。

これはいまの仕事にも生かされています。研究こそまさに単調な毎日で、歓喜の上がる成果は一年に一回どころか、数年に一回しかありません。だから、柔道というスポーツを経験したことは非常によかったと思っています。

もう一つ、私にとって大きかったのは母親の教えです。

高校二年生の時に二段になったのですが、その頃は怪我が多くて、しょっちゅう捻挫や骨折をしていました。ある時、教育実習に来られた柔道三段の大学生の方に稽古をつけてもらったことがありましてね。投げられた時に、私は負けるのが悔しくて受け身をせずに手をついたんです。で、腕をボキッと折ってしまった。

その先生は実習に来たその日に生徒を骨折させたということで、とても慌てられたと思うんです。私が病院で治療を終えて帰宅すると、早速その先生から電話がかかってきて、母親が出ました。その時、「申し訳ないです」と謝る先生に対して、母親は何と言ったか。「いや、悪いのはうちの息子です。息子がちゃんと受け身をしなかったから骨折したに違いないので、気にしないでください」と。

当時は反抗期で、よく母親と喧嘩していたんですけど、その言葉を聞いて、我が親ながら立派だなと尊敬し直しました。

それ以来、何か悪いことが起こった時は「身から出たサビ」、つまり自分のせいだと考え、反対にいいことが起こった時は「おかげさま」と思う。この二つを私自身のモットーにしてきました。上手くいくと自分が努力をしたからだとつい思ってしまうものですが、その割合って実は少ない。周りの人の支えや助けがあって初めて、物事は上手くいくんですね。

3

赤ちゃんをしっかり抱き締めてあげてほしい

年間の出生数が三千人を超える、日本一赤ちゃんが生まれる福田病院。同院で助産師のリーダーを務め、これまで二千人以上の赤ちゃんを取り上げてきた福江恭子さんに、ご自身の歩みを交えながら、母子を幸福に導くヒントをお話しいただきました。

福江恭子

福田病院　助産師

ふくえ・きょうこ　昭和46年熊本県生まれ。平成3年に福田病院に看護師として就職し4年間勤務。その後、長崎大学医療技術短期大学部専攻科助産学特別専攻に進学。助産師資格取得後、福田病院に就職、現在に至る。

院内では女性が安心して出産・育児ができるサービスを整えている。
（上）マタニティスポーツのための院内プールを完備
（下）出産後の「お祝いディナー」の様子

出産から育児まで母子を手厚く支援

——福江さんは福田病院（熊本県）の助産師として、これまでに二千人以上の赤ちゃんを取り上げてきたそうですね。

福江　当院は明治四十年（一九〇七）に設立され、今年創立百十四周年を迎えます。熊本県からも「地域周産期母子医療センター」の認定を受けていて、現在は産婦人科医二十三名、小児・新生児科医十一名、助産師百九名、看護師百三十七名が勤務し、病床数は百六十一。不妊治療から新生児医療、新生児集中治療室（ＮＩＣＵ）・母体胎児集中治療室（ＭＦＩＣＵ）など高度先端医療まで幅広い医療を行っています。

　年間出生数は約三千六百人ですが、これは十年連続全国一位です。

——年間三千人以上。それはすごいですね。

福江　その中で、現在、私は副看護部長として看護管理業務と現場指導、あとは組織全体の医療安全対策などを担っています。助産師としては主に分娩に関わってきたのですが、帝王切開も含め、担当した患者さんの入院中のフォローはもちろん、退院後の育児フォローにも力を入れてきました。

　具体的には出産・子育てに不安を抱えているお母さんを妊娠中から地域の保健師や公認心理師など様々な職種の専門家に繋ぐことで、妊娠・出産・産後の育児まで継続的に支える「母子サポート」という体制を整えています。

　また、マタニティスポーツ（ヨーガ、ビクス）などは助産師も担当しています。少人数で開催し、助産師がいろんな悩みに耳を傾け、また、妊婦さん同士で情報交換したりする場になっています。

——妊娠から出産、産後まで一貫してサポートを。それならお母さんもご家族も生まれてくる赤ちゃんも安心ですね。

福江　そうしたサポートをしっかり行うためには助産師やスタッフの勤務体制も整っていなければなりませんから、育児休暇や時短勤務など、できる限り働きやすい職場づくりに取り組んでいます。

五感をフルに発揮して患者さんに向き合う

——福江さんは一日にどれくらいの出産に対応されているのですか。

福江　その日、その時によります。例えば、一日に十人の方が出産される場合、負担が偏らないようそれぞれ担当を振り分けて対応、サポートを行いますが、これまでの一日の出産数の最高は二十四人です。

——一日二十四人……。驚きです。日々多くの出産に向き合う中で、福江さんはどのようなことを大事にしていますか。

福江　いつも周りのスタッフに伝えているのは、判断に迷った時はまず患者さんにとって何が大切か、ご家族にとって何が安心かを一番に考えてほしいということです。やっぱり、しっかりした判断の軸がなければ適切な対応もできません。

　また特にいまはコロナ禍でご家族の立ち会いが制限されていますから、できる限り患者さんの傍に寄り添い、声掛けやケアを行うことをより大事にしています。

これから出産を迎える時には「いまは体力を温存しましょうね」、いざ出産となった時には「赤ちゃんに会える瞬間が近づいていますよ」「赤ちゃんに酸素が行くようにリラックスして呼吸法を行いましょう」などと、一人ひとりの患者さんの状況をよく見て声掛けやケアをしています。

もちろん、「無事に生まれてくるだろうか」と不安を感じているご主人、ご家族にも、出産後の奥様にどのようなサポートをしたらよいかなど、同じように声掛けやケアを行い、安心して喜びの瞬間を迎えられるよう心掛けています。

——助産師として心を込めてサポートした患者さんが、無事に赤ちゃんを出産した時の喜びや感動は一入（ひとしお）でしょうね。

福江　そうですね。苦しい陣痛を乗り越えて、赤ちゃんを迎えた時の患者さんの表情というのは、何ともいえない喜びというか、とても素敵な瞬間だと思います。それにお産では陣痛が来る力、赤ちゃんを産み出す力、自然の力の尊さをとても実感します。ただ、その半面、同じ自然の力で患者さんの状況が急変する恐ろしさも日々すごく感じています。だからこそ、私たち助産師は患者さんをよく見て、患者さんの話をよく聞いて、患者さんによく触れて、〝五感〟をフルに使って、ちょっとした変化、体調の急変にも迅速に対応できる力、医師も含めた情報共有、チーム力が求められるんです。

医療機器の活用も必要ですが、やっぱり実際に患者さんのお腹に触れ、赤ちゃんの頭がどのあたりにあるのか、赤ちゃんの心音（しんおん）はどうか、患者さんの体温はどうか、陣痛、力むタイミングはどうかなど、それらを自分の五感を通じて総合的に判断しなければ、決してお産はうまくいかないと思いますし、その大切さは後輩にも日々伝えています。

助産師としての
やりがいと喜び

——福江さんはなぜ助産師の道に進まれたのですか。原点をお聞かせください。

福江　高校の進路面談で助産師になりたいと伝えたのは何となく覚えているんですけど、当初はこれだという明確な理由はなかったんです。ただ、母に聞くと、祖母が私を助産師にしたいと言っていたらしいんですね。祖母の友人が助産師だったので、その影響かもしれません。

そうして看護学校に進み、先生から勧められたこと、実習の時に訪れていたこともあって、一九九一年、二十歳の時に福田病院に看護師として就職し、分娩室に配属になりました。

そこで患者さん、出産に向き合う先輩方の姿に接して、自分も助産師の仕事がしたいとの思いが一段と強くなったんです。初めてお産を見た時はもう感動のひと言でしたし、それに関わる先輩方にも純粋に「すごい」と感じました。

その後も、進学して助産師に必要な資格等を取得したり、先輩に教えをいただきながらキャリアを重ねて、現在に至ります。

——助産師の先輩方には具体的にどのようなことを学びましたか。

福江　それは先ほども触れた、五感を使ってデータも含めたいろいろな要素を総合的に判断しながら、患者さんをサポートすることの大切さですね。患者さんは一人ひとり違いますから、この患者さんにはどういうサポートをするのが一番よいのかを常に考えなければいけないと。

　また、赤ちゃんが健康な状態で生まれてこなかったり、お産が辛く悲しい結果になった時に、患者さん、ご家族をどうケアしサポートしていくかも先輩たちの姿を見ながら学びました。もちろん、お産は自然の力が働くので防ぐことができない場合もあるのですが、一番大事なのはその事例・症例を、個人としてもチームとしても真摯に受け止め、振り返って次に生かしていくことです。その地道な積み重ねが、患者さん、ご家族の安心・安全なお産に繋がっていくのです。

——課題に真正面から向き合い、次に生かすことが大事だと。いまも心に残る出会いやお産があれば教えてください。

福江　忘れられないお産はたくさんあるのですが、例えば、まだそんなに経験も知識もなかった新人の頃から、「ぜひ福江さんにサポートしてほしい」と依頼があり、患者さんのご家族すべてのお産につかせていただいたことは、とても嬉しかったですね。そしてお兄さん、お姉さんが下の子を抱っこして成長を見せに来てくれたり、難しいお産だった患者さんやご家族がお子さんと一緒に面会に来ていただくこともあり、「助産師を続けていて本当によかった」と思います。

赤ちゃんをしっかり抱き締めてあげてほしい

——お話を伺っていると、お祖母様が福江さんを助産師にしたかった理由が分かるような気がしました。

福江　祖母は私が助産師になるちょうど一年前に亡くなりました。ただ、これまで助産師を続けてきて、おそらく祖母は患者さんのためを思って働く、人に仕えることの大切さを伝えたくて、私を助産師にしたかったのではないかなと思っています。

——ああ、人のためを思って働く。とても素晴らしい、尊いことですね。最後に、母子が幸せになるために、最も大事なことは何だと思いますか。

福江　出産、育児というのはとても母親一人で担えることではありません。

　ですから、決して一人で抱え込まず、ご家族を巻き込み、当院の仕組みや地域の様々なネットワークを躊躇することなく活用してほしいですし、当院でも安心・安全に出産・育児ができるようできる限りのサポートをしていきたいと思っています。

　また、私は出産したばかりのお母さんに「赤ちゃんをしっかり抱き締めてあげてください」っていつも言っています。実際の子育ての中では、他の子と成長を比べたりして悩み不安になることもあると思いますが、本来、子育ては母子の状況や環境によってそれぞれ。一番大事なのは母と子の絆、愛情なんです。

　ぜひ『致知別冊「母」』を読んでくださっているお母さん方も、それぞれのペースで育児に向き合って、何より赤ちゃんへの愛情を大事にしてほしいと願っています。

親子で音読してみよう

詩のひろば

誕生日

東井義雄

〝教育界の国宝〟と称えられた伝説の教師・東井義雄先生。ここに紹介する詩には、「いのちの教育」を信念とした東井先生の思いが溢れています。

誕生日おめでとう
お父さんお母さんから／いのちをひきついで
おじいさんおばあさんから／いのちをひきついで
その前のおじいさんおばあさんから
その前のその前のご先祖から
いのちをひきついで／何億年も昔からの
いのちをひきついで／あたらしいいのちの
この世への誕生／おめでとう　おめでとう

『東井義雄一日一言』（東井義雄・著）
定価＝ 1,257 円（税込）

第三章 子どもの心と感性を育む教育

① どの子にも必ずよいところがある
岩堀美雪 子どもの笑顔代表取締役

② 親子で学びたい『論語』
安岡定子 論語塾講師

1

どの子にも必ずよいところがある

自分のことを大好きでいてほしい——
31年間の教員生活を通じて、
子どもたちにそう願い続けてきた岩堀美雪さん。
現在は、自身で創案した
「宝物ファイルプログラム」を通じて、
人々の自己肯定感を高める活動に邁進する
岩堀さんに、子育てのあり方や、
子どもの人生を大きく左右するという
自己肯定感の大切さについて、
体験を交えてお話しいただきました。

岩堀美雪

子どもの笑顔代表取締役

いわほり・みゆき　昭和35年福井県生まれ。福井大学卒業。31年間の小学校教師生活を経て現在、株式会社子どもの笑顔代表取締役を務める。福井大学子どものこころ発達研究センター元特別研究員。著書に『なぜあなたの力は眠ったままなのか』（致知出版社）など。

あなたの人生を左右する自己肯定感

「あなたは、十分頑張っています！」

私がいま、子育てに携わっていらっしゃるお母さん方に声を大にしてお伝えしたいのが、この言葉です。

もしかすると、いまこの文章を読んでくださっているお母さんは、誰からもこんな言葉をかけてもらえていないかもしれません。けれども、お子さんがいま生きているのは、あなたが昼夜を問わず一所懸命子育てを頑張っているから。だから私は、そんなあなたに心からエールを送りたいのです。

同時にお伝えしたいのが、

「子育ては大変。だけど、すごく楽しい」

ということ。一人でも多くのお母さんにこのことを実感していただいて、笑顔が輝く素敵なお母さんになっていただくことが私の願いです。そして、そのためのキーワードが「自己肯定感」だと私は考えるのです。

私は現在、「子どもの笑顔」という会社を運営し、三十一年間の教員生活の中で開発した「宝物ファイルプログラム」という手法を通じて、人々の「自己肯定感」を高めるお手伝いをさせていただいています。

自己肯定感とは、ひと言で言えば「自分のことが好き」ということ。といっても自己愛とは異なり、「長所も欠点もあるありのままの自分を認め、これでいいと思えること」です。自己肯定感の高い人は、相手を認めることができ、自分の力を十分に発揮して、幸福感に満ちた充実した人生を歩むことができます。

逆に、自己肯定感が低い人は自分のよさを十分発揮できず、うつ病などの精神的な障碍を抱えやすい傾向があります。海外の研究では、学力が振るわず進学率が低いことや、経済的に十分な基盤を築きにくいこと、麻薬常習者やメタボになりやすく、有罪判決を受けやすいという報告まであります。

自己肯定感の高さは、その人の人生を大きく左右するのです。

ところがいまは、「自分が好きだ」と自信を持って言える人は決して多くありません。謙譲の美徳という日本人特有の気質の影響もありますが、要は自分に自信を持てないのです。近年、子どものいじめや自殺が増えているのも、女性の自殺が急増しているのも、このことが深く関わっていると私は考えます。

私はこうした現状を踏まえて、一人でも多くの子どもたちに元気になってもらいたい。そのためにも、子育てを頑張っていらっしゃるお母さんやお父さん、そのお母さんやお父さんが勤める会社にも元気になってもらいたいと考えています。そしていじめや虐待、自殺のない世の中をつくっていくことが、世界平和にも繋(つな)がっていくと確信しているのです。

子どもが変わり 子育てが楽しくなった

私は小学校の教壇(きょうだん)に立っていた当初、点数以外に子どもたちを評価する方法がないことをもどかしく思っていました。一人ひとりがよいところをたくさん持っているのに、そのことをうまく伝える方法はないものだろうか……。

模索を続け、独自につくり上げたのが、「宝物ファイルプログラム」でした。

用意するものは一冊のクリアファイル。まず、最初のページに自分が頑張りたいことや、夢、願いを書きます。その上で、ファイルのポケットに、自分が好きなもの、残したいものをどんどん入れていきます。例えば、楽しかった遠足の写真や、頑張った運動会のリレー写真、百点の答案、作文、野球が好きな子は自分が使っているバットやグローブの写真等々です。

さらに、友達、ご両親、お祖父さん、お祖母さんにもその子のよいところを書いてもらい、ファイリングします。

ファイルに入れるだけですから、気軽に始められますし、時間もかかりません。毎日やらなくてはならないという類(たぐ)いのものでもありません。けれどもこの簡単な作業を実施するだけで、子どもたちは確実に、時には劇的に成長していくのです。

おとなしかった子が、志願して応援団長

になった。授業中に落ち着きがなく、宿題もやってこない子が勉強好きになった。「うちの子にいいところなんて一つもありません」と吐き捨てるようにおっしゃっていたお母さんが、「娘の反抗がピタッと収まりました」と驚かれた。学校のことなど一切話さなかった子が、親御さんが帰ってくるなり「今日逆上がりができたから見て！」と、手を引いて学校へ連れて行き、車のライトの中で実演してみせた。

私はこのプログラムを開発した二〇〇〇年以降、講演や講座を通じて七万人以上の方々に自己肯定感の大切さをお伝えしてきましたが、お子さんの自己肯定感が高まり、子育てが楽しくなったという喜びの声を数え切れないほどいただいています。

どの子にも必ず よいところがある

とはいえ、私自身も子どもの頃は自分に自信が持てず、決して立派な母親でもありませんでした。この紙幅ではとても収まり切らないくらいに失敗を繰り返してきた母でした。

共働きの比率が全国一位の福井県で生まれた私は、母親が働きながら家事をこなす姿を見て育ち、それを当たり前のことと思っていました。

ところがいざ自分がその立場に立ってみると、それがいかに大変な営み（いとな）であるかを思い知らされました。授乳、おむつ替え、寝かしつけ。繰り返す夜泣き、発熱、下痢（げり）。毎朝ぐずる我が子をひっ捕まえるようにして保育園へ走り、何とか仕事を切り上げてお迎えに行けば、既（すで）に誰もいなくなった園に我が子一人が先生と待っている。そこから子どもを抱えて買い物をして、疲れ切って家に帰れば、先に帰っていた主人が「ご飯まだ？」。

「一日ぐらい代わってよ！」

どれほど心の中で繰り返したことでしょう。けれども、本心で代わってほしかったわけではないのです。この大変さを理解してほしい。そしてただひと言「頑張っているね」「いつもありがとう」と優しい声をかけてくれたらどれほど救われるだろう。これが世の多くのお母さん方

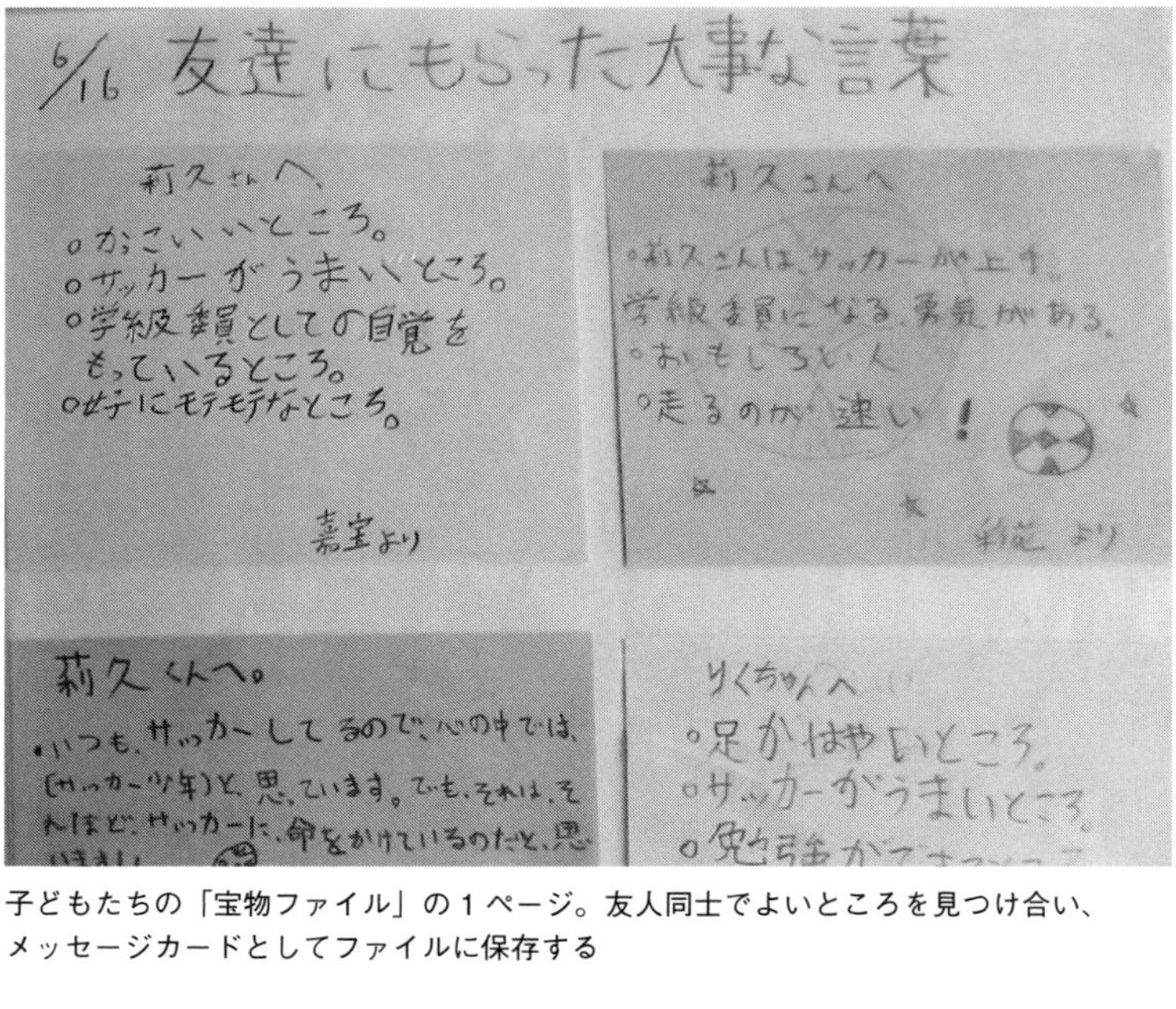

子どもたちの「宝物ファイル」の１ページ。友人同士でよいところを見つけ合い、メッセージカードとしてファイルに保存する

1万人近くの子どもたちから教えてもらった一番大切なことが「どの子にも必ずよいところがある」ということでした

が共有する切実な思いではないでしょうか。

こうした自分の体験に照らして痛感するのは、お母さんは我が子に一所懸命なあまり視野が狭くなりがちだということです。よその子はもうハイハイし始めたのに、もう言葉が出始めたのに、うちの子は遅いわとついつい焦ってしまう。そして、このままずっと歩けず、喋れないままなのではないかと不安を自分で大きくして、負のスパイラルに陥ってしまうのです。

そして、我が子に向き合うとつい腹を立ててしまう。担任している子が「先生、この問題を教えてください」と質問にくると、「しまった、教え方が十分ではなかった」と反省するのに、我が子が「お母さん、この問題を教えて」と聞きにくると、「えっ、こんな問題も分からないの？」とイラッとしてしまうのです。そのイライラが言葉にも表れて喧嘩になり、怒って自室に戻っていく我が子の後ろ姿を見送りながら「あぁ、なぜもっと優しく教えてあげられなかったのだろう……」と、自己嫌悪に陥ったことがどれほどあったことでしょう。

保護者会では、しばしばこんな会話を耳にすることもありました。

「うちの子はいつもうるさくて、せめておたくのお子さんのようにおとなしかったらいいんですけど」「いえいえ、うちの子はおとなし過ぎて、もっとおたくのように元気があったらと思うんです」。

私は教師を務めた三十一年間で、延べ一万人近くの子どもを見てきました。そして、彼らから教えてもらった一番大切なことが、

「どの子にも必ずよいところがある」

ということでした。我が子のよいところを見てあげずに、足りないところばかり気にして嘆くのは、とても不幸なことだと思うのです。

「よくなったところが一つでもあるじゃないですか！」

私が子どものよいところに目を向けることの大切さを学んだのは、四十代半ば。五年生になった子たちのクラスを二年間受け持った時のことでした。

そのクラスの子たちは、授業が始まっても席に着かない、上履きは踵を踏んでスリッパ状態、「うざい」「きもい」と汚い言葉を連発する。毎日誰かが揉め事を起こし、喧嘩は日常茶飯事で学級崩壊状態でした。

いくら注意してもよくならず、ふと気がつけばちっともお腹が空かないし、夜もほとんど眠れない。体重はひと月で五、六キロも痩せ、うつ病の一歩手前まで追い込まれてしまいました。

六月に入ると、指導主事の先生の面談がありました。私は、懸命に努力してい

自己肯定感の高い人は、自分の力を十分に発揮して、幸福感に満ちた充実した人生を歩むことができます

るけれどもよくなったところは何もないこと。強いて挙げれば、言葉遣いが少し改善されたことくらいだと報告しました。その時、クラスの実情を熟知する主事の先生からかけていただいた言葉に、私は救われたのです。

「よくなったところは何もないとおっしゃるけれども、一つでもあるじゃないですか！」

目から鱗が落ちる思いがしました。それまでの私は、子どもたちの足りないところばかり見ていました。そして自分自身も追い込み、絶望していました。

そこから、意識して子どもたちのよいところを見るよう努めたところ、「あの子はやんちゃだけど、挨拶がすごくいい」「あの子はおとなしいけど、人の嫌がることは一切言わない」等々、あれほど駄目だと思い込んでいた彼らのよいところが次々と目に飛び込んできたのです。そしてそのことを本人に率直に伝えると、頑なに心を閉ざしていた子が感激して涙を流すこともありました。クラスが変わり始め、子どもたちと向き合うことがどんどん楽しくなっていきました。

卒業式には、「この子たちの素晴らしさをみんなに知らせたい！」と思う自分がいました。「卒業式と言えば、歌と返事。あなたたちが全力を出すのはここよ」と発破をかけ、皆の声が出るよう懸命に指導しました。

そして迎えた卒業式当日の朝。私は、教室で「最後に一回だけ練習しよう」といつもと違って穏やかな声で皆に言いました。すると、私が発破をかけなかったにも拘らず、子どもたちは窓ガラスが割れるほどの大きな歌声で応えてくれたのです。よくぞここまで育ってくれたと思うと、本当にありがたくて思わず涙が溢れました。

一人の女の子が言いました。「まさかこのクラスでこんなにも楽しい毎日を送ることができるなんて、思ってもみませんでした」と。

苦しみ抜いた二年間でしたが、一人ひとりのよいところに目を向けることの大切さを学んだおかげで、子どもたちの成長に大きく寄与することができました。そして、それ以上に私自身が成長させていただいたのです。それ以来、私はどんなクラスを担任しても、一人ひとりのないものではなく、あるものに目を向けて導いていくことを心掛けてきました。

「これを世に広めていくのがあなたの使命です」

こうした体験を重ねていく中でつくり上げたのが「宝物ファイルプログラム」でした。このプログラムで子どもたちがびっくりするほど変わっていくことから、

親から子へ、子から親へ、相手のよいところを書いて伝える「宝物ファイルプログラム」

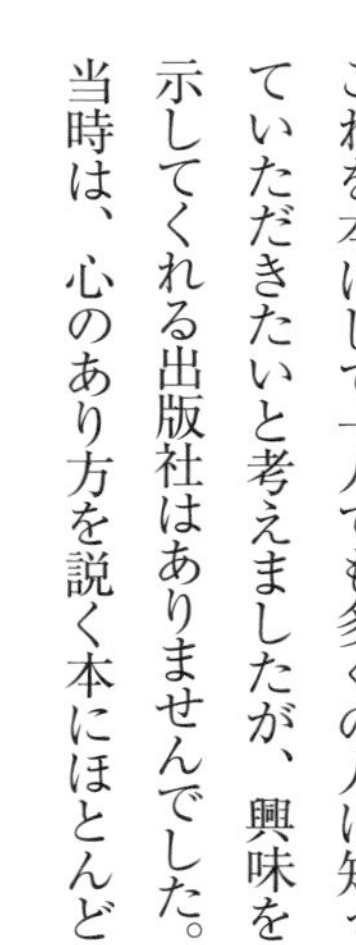

自己肯定感の重要性に確信を抱いた私は、これを本にして一人でも多くの人に知っていただきたいと考えましたが、興味を示してくれる出版社はありませんでした。当時は、心のあり方を説く本にほとんど関心を持たれなかったのです。

なぜ自己肯定感が大切なのかという論理的な裏づけが必要だと考えた私は、教職の傍ら、母校・福井大学教育学部の大学院で学び始めました。本を片っ端から読む中で、これだと思ったのが、フランスのクリストフ・アンドレ先生の書かれた『自己評価の心理学』でした。

この先生に自分のやってきたことを聞いていただきたい。そう考えた私は、ツテを頼って通訳者を見つけ、お正月休みを利用してフランスへ渡りました。アンドレ先生がフランスで一、二を争う有名な心理学者などとは、その時は知るよしもありませんでした。

たまたま手を怪我され、自宅療養をなさっていたため、先生のお宅を訪ねて「宝物ファイルプログラム」についてご説明すると、先生はどこの馬の骨とも分からない異国の女性に、こんな過分な言葉をくださったのです。

「世の中の本物というものはすべてシンプルであり、それでいて奥が深い。あなたがやってこられたのはまさにそれですよ。これまで十年以上これだけの成果を上げてこられたのだから、これからの十年はこれを世に広めていくのがあなたの使命です」

この言葉は、いまも私を支え続けてくれています。二〇一二年一月三日のことでした。

帰国後、私は一念発起して大阪大学の大学院を受験。既に五十四歳でしたが、固くなりかけた脳みそを懸命に振り絞って頑張ったところ、奇跡的に合格することができました。当時、学校では四つも主任を掛け持ちしており、研究を始めれば業務に支障が出て学校に迷惑がかかってしまう。考え抜いた末に、私は天職とも思い定めていた教師を辞めることを決断しました。一人でも多くの人に自己肯定感を高めていただき、平和な世の中を実現することに、自分の残りの人生をすべて懸けようと考えたのです。

必要なものは、私が実践してきたことが有効であることを裏づける心理学的な理論でした。世界中の数ある論文の中からそれを見つけ出すことは、砂漠の中か

「あなたがお母さんの子どもであったことが一番いいところです」

ら一粒のダイヤモンドを探すくらい難しいことだと指導教授から言われました。確かにその作業は困難を極め、求めるジグソーパズルのピースはなかなか埋まりませんでしたが、それでもとうとう探し当てることができたのです。

書き上げた論文に対して、通常は多くても二十くらいだという質問が、七十一も寄せられました。それだけ私の研究に関心が集まっている証拠だと励まされ、そこから提出期限までの二か月間、寝る間も惜しんで論文を修正しました。おかげで、「宝物ファイルプログラム」の効果や他のプログラムとの違いがより明確になり、多くの方々に伝えやすくなりました。

子どもの心をノックし続ける

自己評価が低く、学校でトラブルを起こす子にはわけがあります。

ある男の子は、少し気に入らないことがあるとすぐ乱暴を振るう問題児でした。けれども家庭訪問に伺ってその原因が分かりました。その子の下には三人も弟がおり、彼らにお母さんを独占されていたため、自分を甘えさせてくれる母親の膝がなかったのです。

そういう子どもは自分のことをなかなか受け入れることができず、「〇〇君の挨拶はとてもいいね」などと人から褒められても「そんなことないですよ」と否定してしまいます。

そういう子に有効なキラーワードをご紹介しましょう。「私はそう思ったから」がそれです。「いまの挨拶よかったよ」とせっかく褒めてあげても素直に受け止めてくれない時には、「お母さんはそう思ったから」と言ってあげてください。思ったというのは個人の主観ですから、否定することはできません。

一回でやめるのはもったいないので、タイミングを捉えては、「私はそう思ったから」「私はいいと思ったから」と繰り返してあげてください。そうして何度も何度もお子さんの心をノックし続けるうちに、母親の言葉は少しずつ我が子の心を溶かし、そのうちニコッと笑顔を浮かべて喜んでくれるようになるはずです。

私が担任していた子も、そのやり方で大きく変わりました。以前その子を受け持っていた先生が、育休後久しぶりに会って驚き、「岩堀先生、あの子にどんな魔法をかけたんですか。まるで別人みたいです！」と喜ばれたこともあります。

生まれてきてくれてありがとう

自己肯定感を高める実践を通じて、私はこれまでたくさんの奇跡を見てきました。

冒頭でも少し触れましたが、「宝物ファイルプログラム」では、親から子、子から親へ、相手のよいところを書いて伝えるワークがあります。このワークを実践した六年生の女の子のお母さんが、「あれはどう考えても、天からの贈り物でした」とぼろぼろと涙を流されたことがありました。

その女の子は最初、他の家族のよいところは書いたのに、お父さんの分だけは書いていませんでした。父親を遠ざけたい年頃だったのです。けれども、私はお父さんがその子を小さい頃からとても可愛がっておられたことを知っていたので、お父さんにも書いてあげるように言うと、しばらくして「先生、チョーひと言書きました」と持って来ました。

その頃お父さんは、不況のあおりでご自身の経営する会社を畳むか否かの瀬戸際に立たされていました。けれども、最愛の娘が便箋に綴ってくれたたった一行の言葉が、父親を奮い立たせたのです。

「お父さんのよいところ。いつも仕事を頑張っているところ」

それを読んで号泣したお父さんは、娘のためにもこのままではいかんと死ぬ気で頑張り、見事会社を立て直されたのです。

また、親御さんにそれぞれ便箋三枚を配布してお子さんのよいところを書いていただいた時、ある男の子から「お母さんが便箋が足りないというので、もう二枚ください」と言われたことがありました。翌日に持ってきてくれたお母さんからのメッセージを見せてもらうと、その子のよいところが便箋五枚にびっしりと書かれていました。そして、そのメッセージはこう締め括られていたのです。

「最後に、あなたがお母さんの子どもであったことが一番いいところです」

そのひと言が目に入った瞬間、私の脳裏に我が子の顔が浮かび、涙が溢れて止まりませんでした。

「生まれてきてくれてありがとう」

お母さんのメッセージは、この一番大切な言葉を私に思い起こさせてくれたのです。

子育ては確かに大変です。けれども、ずっと忘れないでいただきたいこと。それは、「どんな子にも必ずよいところがある」ということです。そして、お子さんのよいところを認め、褒めてあげていただきたいのです。

完璧なお母さんでなくてもかまいません。失敗してもいいのです。「しまった」「言い過ぎた」と思った時にはただひと言、「ごめんね」と言ってあげましょう。お子さんはきっと許してくれます。ご自分のもとに生まれてきてくれたお子さんに感謝し、よいところを見つめ続け、どうか子育てを楽しんでください。

自己肯定感を高める 5つのポイント

1. 子どもの話をよーく聞く
2. 完璧なお母さんにならなくてもいい
3. 子どもを認めて褒める
4. 叱るときは叱る
5. 言葉の力を上手に使う

親子で学びたい『論語』
初めて触れる人のために

いま『論語』が静かなブームを呼んでいます。
子育て中の母親の中にも、親子で『論語』を
声に出して読む人たちが増えてきました。
子供たちを中心に約20年間、
『論語』の指導に当たり、『論語』ブームの
火つけ役となった安岡定子さんに
同書の魅力や、その教育的な意義について
お話しいただきました。

安岡定子

論語塾講師

やすおか・さだこ　昭和35年東京都生まれ。二松學舍大学文学部中国文学科卒業。安岡正篤師の令孫。「こども論語塾」の講師として、全国各地で定例講座を開催。現在は大人向け講座や企業向けのセミナー、講演などでも幅広く活躍。令和2年10月より公益財団法人 郷学研修所・安岡正篤記念館理事長。著書に『楽しい論語塾』『0歳からの論語』（共に致知出版社）など。

『論語』の主人公 孔子という人物

明治の実業家・渋沢栄一を主人公としたNHK大河ドラマ「青天を衝(つ)け」が人気を集めています。渋沢栄一は幼い頃から『論語』に親しみ、日本を代表する大会社の経営に『論語』の教えを生かすことで近代日本の基礎を築くことに大きく貢献しました。そういう渋沢ブームが背景にあってか、これまであまり古典に馴染(なじ)みのなかった人たちの中に『論語』に関心を持つ人が増えてきました。約二十年間、論語塾講師として教育に関わってきた私も「『論語』とはどういうものなのですか」という質問を受けることが多くなりました。今回、原点に返って子育て中のお母様方に『論語』の魅力をお伝えできるのをとても嬉しく思っています。

『論語』はいまから二千五百年前に中国で生まれた思想家・孔子の言葉や行いを

弟子たちが書き留めたものです。二千五百年前の日本はといえば、縄文時代後期、もうすぐ弥生時代を迎えるという頃でした。日本人が土器をつくっていた時代に、中国では優れた思想家がいたわけですから、それだけでも驚きです。

孔子と同じ時代にインドではお釈迦様が生まれ、五百年後に生まれたイエス・キリストを含めて、世界の三大聖人と呼ばれています。もうひとり孔子と同じ時代にヨーロッパで生まれたソクラテスを含めて四大聖人という呼び方をされることもあります。

孔子は多くの弟子たちを育てました。その数は三千人ともいわれています。ただ、二千五百年前はいまのような教育制度や学校はありません。学ぶ意欲のある若者が自分で先生を探し、入門が認められて初めて寝食を共にしながら学ぶことができるのです。教育を受ける環境にあるのは、社会のごく限られた人たちですから、その人たちは自ずと社会のリーダーになっていきました。

孔子自身は両親と早く死別し厳しい青年時代を送りますが、教育を受ける機会には恵まれました。多くの若者が知識を得たい、社会に出て活躍したいという思いで勉学に励む中、孔子は世の中をよくしたい、よい国づくりをしたいという大きな志を抱きました。そこが孔子が他とは異なる広い視野を持っていたところでした。

孔子が生きた春秋時代は戦乱の世になりかけていて、政治も腐敗し始めていました。そのことを深く憂慮した孔子は、かつて夏、殷、周の時代に理想的な政治が行われていたことを知り、当時の為政者の言行や文化、法律などに至るまで言葉を徹底的に研究します。そして、いい国をつくるには経済も軍備も大事だけれども、徳を持った人物を育てることが最優先であることに気づき、そのことを念頭において弟子たちの育成に尽力したのです。

難しい書物でも堅苦しい書物でもない

孔子の弟子たちは一所懸命に先生の教えを学びますが、いつまでも先生のもとにいるわけではありません。ある程度、学びを深めるといろいろなところから仕官の口があって、それぞれがしかるべき地位に登用され、リーダーとして活躍するようになります。しかし、経験もなく地位だけを与えられた弟子たちの中には自分が偉いと錯覚し、時に道を踏み外す人がいたとしても不思議ではありません。

いまのように電話やメールがない時代、巣立っていった弟子たちにいつまでも先生がアドバイスすることは不可能です。弟子たちのこれからを心配した孔子は学問的なことよりも、むしろ現場に出た時にどういう心掛けで仕事に臨むべきかをたくさん語っていきました。それが『論語』の言葉なのです。

もう二度と会えないかもしれない愛弟子たちを送り出す時、孔子はどのような心境だったでしょうか。「仕官したらこのようなことが大事だよ」「人間はこんな弱さを持っているから気をつけなさいよ」「人と話す時はこんな言葉を掛けたほうがいいよ」と、まるで親のような立場で一

親子で『論語』に触れる時、心掛けていただきたいのは一緒に声を出して読むことです

所懸命に語って聞かせてあげる孔子の姿が目に浮かびます。

しかも、当時はノートや鉛筆がありませんから、話すほうも聞くほうも真剣でした。孔子はできるだけ具体的な例を挙げながら分かりやすく説明し、大事なところは繰り返し話したことでしょう。弟子たちもまた、ひと言も漏らさないように必死に耳を傾けながら話を聞いたに違いありません。

ある時は、政治家が孔子を訪ねてきて「うちの領地はうまく治まらないのですが、どうしたらいいでしょうか」と相談を持ちかけることもありました。政治家に対する孔子の答えが、そのまま弟子へのメッセージになることもあったでしょう。

そのような情景を思い浮かべながら『論語』を読むと、ぐんと面白みや親しみが増すのではないでしょうか。『論語』は決して難しい書物でも堅苦しい書物でもないのです。

『論語』と聞いただけで、「押しつけがましい道徳」「分かっているけど、実践できないよね」と拒否反応を示す方がいらっしゃいます。そう思ってしまう大きな要因は学校の文法教育にあるように思います。私にもその気持ちがよく分かります。文法という壁にぶつかって古典が苦手になったという方は少なくないはずです。

しかし、スポーツや将棋がルールが分からないと先に進めないのと同じように、古典も文法というルールを学ぶことはどうしても避けられません。「これはルールブックだ」と割り切って少しずつでも勉強してこそ、その先にある楽しみを味わえるのだと思います。

成果主義の中で忘れられていったこと

約二十年前、主婦だった私が論語塾を開き、近所の子供たちと共に『論語』を学ぶようになったのは、区民講座で私に『論語』を学ぶ楽しさを教えてくださった故・田部井文雄先生（千葉大学名誉教授）の後押しがあったからでした。

コロナ禍になって世の中の価値観はいま少し変わり始めましたが、当時は大人の社会も子供の社会もスピード感を持って成果を出すことを強く求められる風潮がありました。

もちろん、成果を出すことはとても大事なことですが、そればかりを考えていると、どうしても人として大切なことが見えなくなってしまいます。子供たちの世界でも、ただ学校や塾でいい点数を取ることだけを考えて頑張った結果、最後には燃え尽き症候群になってしまうケースが出てきました。志望校に合格できたとしても、その途端、生きる目的を見失ってしまう。それでは本末転倒です。

勉強ができるのは確かに素晴らしいことでしょう。しかし、たとえ点数化できないとしても、電車に乗っていてお年寄りに席を譲ることができること、困っている人に優しくしてあげられることも、それと同じくらい素晴らしいことなのです。

幸い私は、古典に親しんでいた明治生まれの祖父母と一緒に暮らし直接的な影響を受けながら育ちましたので、人として大切な価値観を学ぶことができました。ところが、いまは家庭でも学校でも社会でも、そういうことに触れる機会はほとんどなくなってしまっています。目に見えなくても大切なこと、育てるのにすごく時間が掛かることを、私たちはどうしても後回しにしがちです。田部井先生のもとで一緒に『論語』を学ぶ仲間からも、時折その現実を悲しむ声を聞くようになりました。

子供たちはある程度の年齢になると、勉強でもスポーツでも成果を求めるようになります。だとしたら、その前の幼少期に人として大切なことを教えるのが重要なのではないか。そういう皆の思いが私に論語塾の講師を務めることを決断させる一つのきっかけとなりました。

親子揃って章句を読み上げる声が響く「こども論語塾」

『論語』を学ぶことに どういう意味があるの？

論語塾講師になった頃、お母様方から「論語塾に行って何が期待できるのですか」という質問をよく受けました。算盤（そろばん）の塾に行けば算盤が上達しますし、ピアノ教室に行けばピアノが上達します。しかし、『論語』を学んだからといって何か手応えが得られるわけではありません。お母様方の疑問は無理もないことでした。「どういうふうになるかは、お子さんによって違うので分かりません」。最初はそうお答えするのが精いっぱいでした。

その疑問に対する答えを示してくれたのは、他ならぬお子さんたちでした。ある論語塾で「巧言令色（こうげんれいしょく）、鮮（すくな）し仁（じん）」という言葉を読んだことがあります。言葉のリズムがよく、覚えやすい章句ではあるのですが、幼い子供たちに意味を伝えるのは簡単ではありません。そこで「心のこもっていない言葉や、人に気に入られたくてつくった表情には優しさや温かさがありません。言葉や表情よりも思いやりの気持ちがあることのほうが大切ですね」と私なりに説明をしていました。

数年後、その時学んでいた子が「口先だけの人は駄目ということでしょ」と説明しているのを聞いて驚きました。私は一度もそういう言葉で話したことがなかったからです。お子さんたちは自分の中で『論語』の章句をしっかり消化し、熟成させていたのです。

また、これは別の幼稚園に通っていたお子さんの例ですが、小学生になった時、クラスにいじめっ子がいるのを見て、家でお母様に「A君は『論語』の本を持っていないのかな。僕の本を貸してあげようかな」と話し掛けました。「どうして？」と聞くと「だって『論語』の本を読んだら人を叩いたりなんかしないでしょ」と言ったというのです。

そのお母様も、子供と一緒に『論語』を読むことにどのような意味があるのかと疑問を持っていらっしゃったお一人でしたが、幼稚園にわざわざ伝えられたことを考えると、よほど感動されたのだと思います。

論語塾を始めて約二十年が経ったいま、幼かった子供たちも社会人になりました。その青年たちの挨拶の仕方や手紙の文章などを読むと、明らかに人間的に大きく成長しているのを感じます。『論語』はもともと外国語だったものを美しい日本語の読み方にかえたものです。そのリズムと言葉に慣れ親しむことで語彙は増え、使う言葉も美しくなるのでしょう。

「『論語』を学んで何が期待できるのか」ということは私自身、ずっと長く抱き続けてきたテーマでしたが、最近では論語塾を巣立った子供たちのその後の成長が何よりの証だと感じるようになりました。そして、そういう青年たちの姿を見て、幼い子を論語塾に通わせているお母様方もホッとされるようです。

『論語』の読み聞かせをすることで、こんな効果が期待できます！

- かしこい子になる
- 感性が豊かな子になる
- 落ち着いた心の子になる
- お母さんも幸せな気持ちになる

『論語』の最初に何を持ってくるべきか

ここで親子で親しんでいただきたい『論語』の章句をいくつかご紹介したいと思います。

最初は『論語』の冒頭にある有名な章句です。

子曰わく、学んで時に之を習う、亦説ばしからずや。朋有り、遠方より来る、亦楽しからずや。人知らずして慍らず、亦君子ならずや。

【訳】孔子先生がおっしゃった。「学習したら、そのことについていつでも時間さえあれば復習する。なんとそれは嬉しいことではないか。同じ志を持つ友人が遠方からやってきて語り合える。何とそれは楽しいことではないか。誰も自分の実力を理解してくれなくても、不平不満に思わない。それこそ立派な君子ではないか」

『論語』は孔子が亡くなった後、その言葉などを弟子たちが編纂したものです。弟子たちの立場で考えると、冒頭にどの言葉を選んで持ってくるかはとても重要なテーマだったはずです。「学んで時に」で始まるこの章句を選んだのは、孔子の思いが最も端的に表現されているからだと考えていいでしょう。実際、この部分は「小論語」と呼ばれ、『論語』の教えがここに凝縮されているという見方もあります。

先ほども述べたように、孔子の時代、弟子たちは何か強制されて学んでいるわけではありません。

発心し自主的に学んでいくと、疑問が生まれてそれを調べる。さらに学びを深めていくと、それまで気づかなかった発見や達成感が生まれる。その喜びを表現したのが最初の一文です。

私はお子さんに対して「小さいことでもいいから、自分で決めたことを頑張れるかが大事です。お友達と比べることはありません」と説明しています。

「朋有り、遠方より来る。亦楽しからずや」。朋とは同じ先生のもとで学び、同じ志を持つ友達を指します。学生時代のクラブ活動でもそうですが、苦楽を共にした仲間と久しぶりに会って話すのは、大きな喜びなのではないでしょうか。

最後の「人知らずして慍らず、亦君子ならずや」とは、人から評価されなくても、そんなことは気にせず自分のやりたいことを成し遂げるという意味で、いろいろな意味で挫折続きだった孔子の人生と重なり合う味わいある一文です。

周りの母親に流されることはない

二つ目にご紹介するのは、次の章句です。

子曰わく、徳は孤ならず、必ず隣有り。

【訳】孔子先生がおっしゃった。「徳（正しいことができる力）を身につけた人は、ひとりぼっちにはならない。近くに住んで親しんでくれる人がきっと現れるものだ」

大人の世界では、急ぎの仕事がある時に上司や友達から食事に誘われることがあります。誘いに乗らないと、「融通がきかないな」「あいつ、付き合いが悪いな」と陰で言われるのではないかと心配になり、優先すべき仕事と分かっていてもついつい後回しにしてしまいがちです。

そういう時に「徳は孤ならず、必ず隣有り」という言葉を知っていれば、「正しいことを実行できることが大切。正しいことをやっていたらそれを理解して寄り添ってくれる人が必ずいてくれるから大丈夫」という安心感が生まれます。二千五百年間、伝え続けられた古典の言葉は、このように心の支えになる力を与えてくれるものなのです。

それは子育ても一緒です。周囲のお母様方がお子さんをお稽古事に通わせていると、「自分も」とついつい焦ってしまいがちですが、よその家に流されなくてもいいというのが私の思いです。私の娘は小学校に入るまでひらがなが書けませんでしたが、私は気になりませんでしたし、小学校に入って差がつくということもありませんでした。むしろ幼児期は母親と遊ぶ時間をたくさんつくって、安心感を与えてあげることも大事なのではないでしょうか。

三つ目にご紹介するのは、仁という言葉が三つ入っている、お子さんに人気の高い章句です。

子曰わく、仁遠からんや。我仁を欲すれば、斯(ここ)に仁至る。

【訳】孔子先生がおっしゃった。

「仁は私たちから遠く隔(へだ)たったところにあるものだろうか。いや、そうではない。自分から進んで仁を求めれば、仁はすぐ目の前にやってくる」

ここで孔子が伝えようとしているのは、仁（優しい心）は誰かに教えてもらって身につくものではなく、もともと自分の中にあるものなのだから、それを形にしさえすればいいということです。

幼いお子さんのクラスでは、時々こんな質問をします。

「四人で座って皆でお絵描きをします。一人一枚ずつ画用紙があって、クレヨンは三箱しかありません。どうしたらいいでしょう」

面白いことに、お子さんたちは三箱のクレヨンをどう分け合って使うかということしか考えません。自分で独占しようという子は誰もいないのです。この小さ

声に出して読みたい名句

「子曰(しのたま)わく、巧言令色(こうげんれいしょく)、鮮(すくな)し仁(じん)」
「子曰(しのたま)わく、剛毅朴訥(ごうきぼくとつ)、仁(じん)に近(ちか)し」
「子曰(しのたま)わく、仁遠(じんとお)からんや。
我仁(われじん)を欲(ほっ)すれば、斯(ここ)に仁至(じんいた)る」

安岡定子
Yasuoka Sadako
お腹の中の赤ちゃんに読み聞かせる
0歳からの論語
▶かしこい子になる
▶感性が豊かな子になる
▶落ち着いた心の子になる
▶お母さんも幸せな気持ちになる
結婚祝い＆出産祝いに 胎児〜3歳まで
生まれてくる赤ちゃんに
美しい言葉をプレゼントしよう
2,000人以上の子たちが夢中になった論語教室
致知出版社

『お腹の中の赤ちゃんに読み聞かせる０歳からの論語』
（安岡定子・著／致知出版社）

な例一つからでも、人間は皆、仁の心を持って生まれてきていることが分かります。お子さん方の中にある仁の心を大切に育んでいきたいと心からそう思っています。

**言葉に関する能力は
聞くことから始まります。
声でリズムを
掴みながら音を体に
染み込ませていくのは、
小さなお子さんでなくてはできません**

『論語』は実に不思議な書物

親子で『論語』に触れる時、心掛けていただきたいのは一緒に声を出して読むことです。「うまく解説できない」とおっしゃる方がいますが、解説する必要はありません。おそらくお子さんのほうが早く覚えて、時々口ずさむようになるでしょう。そうなればしめたもので、意味は自然と身についていきます。もちろん、好きな章句だけを毎日読むというのでも全く構いません。

言葉に関する能力は聞くことから始まります。声でリズムを掴(つか)みながら音を体に染み込ませていくのは、小さなお子さんでなくてはできません。成長するとどうしても頭で考えたり、文字が頭に浮かんだりするからです。その意味でも幼児期に音で『論語』を覚えさせることはとても意味のあることなのです。

一方、ある程度の年齢になったら、恥ずかしがって声を出さなくなる子がいます。そういう時は無理してやらせることはありません。リビングなどでお母様がご自身の好きな章句を声に出して読み、お子さんの耳に自然に入っていくようにしてあげたらいいと思います。

私は長年『論語』を読み続けてきて、『論語』とは本当に不思議な書物だと感じています。二千五百年前に孔子が弟子たちに語っていた言葉が、いまの時代、幼稚園にお子さんを通わせているお母様の心やビジネスに携わる経営者、サラリーマンの心を救っているのですから、孔子が生きていたらさぞびっくりすることでしょう。

それができるのは、『論語』に記されていることがハウツーではなく原理原則だからです。それぞれの年齢や立場によって、いくらでも応用が可能なのです。私も読む度に見方が変わったり感じ方が違ったり、いろいろな発見があります。若い時には分からなかったことが年齢を重ねるにつれて分かってくるように、『論語』の味わい方もまた変わってきました。

これをお読みいただいている若いお母様方にもぜひその醍醐(だいご)味を味わっていただけたら、こんなに嬉しいことはありません。

コラム 母の教え②

母がくれた泥だらけの千円札

ガッツ石松

元WBC世界ライト級チャンピオン

俺だって本当は高校に行きたかったけど、そんな余裕がある家庭じゃないからね。じゃあ、何も持たない自分が這い上がるにはどうすればいいか。体一つで戦えるボクシングしかないと思った。

とりあえず近所の人の紹介で東京の会社に就職しました。入社してすぐ、会社のみんなで元フライ＆バンタム級で世界チャンピオンのファイティング原田さんの試合中継を見ていた。その時、俺は社長さんに「俺もボクサーになりたいから、ボクシングジムに通わせてください」と申し出た。

すると社長さんは、「おまえみたいな人間が、あんな偉い人間になれるわけがない」と言ったね。

まだ十五だよ。ショックだったね。ああ、東京も田舎も一緒だ。俺みたいなやつにチャンスはないんだ、と思って、すぐに会社を辞めて田舎に戻った。

村の人たちに見つかると「あそこの息子、もう仕事を辞めて帰ってきた」と噂されるから、真夜中にひっそりと帰って、昼間、誰にも見られないようにふるさとを歩いたんだ。山、川、田んぼ、畑……。ふるさとの自然に抱かれているうち、「よし、俺はやっぱり東京へ行く」という思いが湧いてきた。

もう一回上京する日、おふくろはいつも通り朝早くに土方仕事へ出て行った。帰ってきた数日間も、忙しくてろくに話もできなかったから、駅に向かう途中に仕事場に立ち寄ってみたんだね。

「もう一回東京へ行ってくるぞ」と言うと、おふくろは泥だらけの手で前掛けのポケットをゴソゴソやって、一枚の千円札をくれたんだ。俺がいつも悪さばかりしていたから、

「サツ（札）はサツでも、警察のサツは使えねえぞ」と言ってね。

そして、ハラハラと涙をこぼしたかと思うと、

「偉い人間になんかならなくていい。立派な人間になれ」

と言った。うちのおふくろさんは学歴はないけど、やっぱり苦労を重ねて生きてきた人だから言葉に力があったよね。すっと心に沁みて、それはいまも忘れない。

結局、その時もらった泥のついた千円札はずっと使えなくて、いまでも大切に持っていますよ。

第四章

母という人生を生きる

① こんなに可愛いっちゃもん、いてくれるだけでいい

ダウン症の愛娘・梓からのメッセージ

もし、生まれたばかりの我が子に障がいが見つかったら――。
ダウン症の愛娘・梓さんを授かった是松いづみさんは、
その現実をどのように受け止めたのでしょうか。
子育てで大切にすべきことについて、
親子の大切な思い出を交えてお話しいただきました。

さん（右）と

福岡こども短期大学専任講師

是松いづみ

これまつ・いづみ　昭和31年福岡県生まれ。昭和54年西南学院大学卒業。在学中に障がい児の通園施設でボランティア活動を行う。卒業後、中学校の情緒障がい学級での介助員や講師を経験し、小学校教員に採用。通常学級、特別支援学級、特別支援学校、特別支援学級担任を経て平成28年退職。現在はダウン症の娘にまつわるエピソードを通じて、子育てや生き方への提言を行う講演活動を展開している。また、福岡こども短期大学専任講師として「障がい児保育」「特別支援教育」を担当し、「共に生きるとは」を問い続ける授業を行っている。他にも福岡県警察学校をはじめ、県内の大学、短大でゲストティーチャーとして講義している。

梓からもらった二つのプレゼント

私の三人目の子・梓は、生まれてすぐに救急車で総合病院へ搬送されていきました。

夫も両親も、仕事や上の子たちの世話で身動きが取れず、たった一人病院に残された私は、とてつもない不安と緊張の中で母乳を搾って冷凍し、それを梓に届けてもらうことしかできませんでした。

梓の心臓に穴が開いていたこと、そしてダウン症であることを夫から告げられたのは一週間後、自宅へ戻ってからでした。平成六年、私が三十八歳の時のことです。

「私、教師を辞めなければいけないかしら」

最初に頭をよぎったのがこのことでした。長年小中学校の教壇に立ってきた私はその頃、日々の激務に気力も体力も使い果たし、自分はこの仕事に向いていないのではないか、と悩んでいました。けれども梓の障がいを知った時、本当は自分が子どもたちのことも、学校も、授業も大好きだということを、ハッキリと自覚したのです。

私はこの気づきを、梓からの最初のプレゼントだと思っています。

同時に頭の中には、この子は学校でいじめられるのではないかしら、友達はできるの、就職はどうなるの等々、様々な思いが駆け巡っていました。

自分はこれまで学校で、「みんな違って、みんないい」「障がいって個性だよ」などと、障がいを巡る現実も十分理解しないまま綺麗事を言っていました。けれどもいざ自分が障がい児の親になると、「この子は生まれてこなければよかったのでは」と命を否定することも考えていました……。

自分の中に隠れていた差別や偏見に気づかせてくれたこと、これが梓からの二つ目のプレゼントでした。

その日の夜、私は地元福岡市のダウン症親の会の会長さんに、近所で梓を預かってくれる保育園を電話で問い合わせていました。

この子と共に生きていく――。その時には、私の覚悟はもう定まっていました。

「いまは何もないやん。何かあったら、その時考えよう」

梓が障がい児として生まれてきたことを、私が思いの外早くに受け止められたのは、学生時代に障がい児施設でボランティアを経験していたことが一つの要因でしょう。けれどもそれ以上に大きかったのが、周りの人々の言葉でした。

心配性の私は、梓がダウン症と聞いて先々のことをあれこれ考え始め、不安を口にしました。夫はそんな私の話にじっと耳を傾けてくれ、最後にこう言ったのです。

「確かにいろいろあるかもしれんね。でも、いまは何もないやん。何かあったら、その時考えよう」

確かにその通りでした。夫のその言葉のおかげで、私は冷静になることができたのです。

ダウン症親の会の会長さんの言葉にも

救われました。私が電話で問い合わせをした時、ダウン症の子を「ダウンちゃん」と呼ぶ会長さんは、

「ダウンちゃんの赤ちゃん、可愛いですものね！」

と言ってくださったのです。私はその言葉で、障がいや将来のことばかりにとらわれて、目の前の梓とちゃんと向き合っていなかった自分の愚かさに気づかされたのです。改めて見つめた梓の笑顔の愛らしさに、私の不安は吹き飛びました。

梓がいてくれたおかげで

長男と長女、そこに梓も加わり、三人の子育てをしながら共働きを続ける毎日は、目の回るような忙しさでした。学級通信を書くため、朝は五時に飛び起きてパソコンに向かい、夕飯の下ごしらえをして、洗濯機を回しながら朝ご飯の支度。仕事をやりくりして梓を病院へ連れて行くことも頻繁にありました。

梓のことを念頭に、保育園時代は夫と二人で一役として父母会の会長と副会長を務めました。当時は地元の小学校に特別支援学級がなかったため、通常学級に入学させました。幸いたくさんの友達と仲良しになり、楽しく過ごすことができましたが、授業にはついていくことができません。そこで近所の塾へ週二回、夫婦で交代で連れていき、教室の片隅で勉強させてもらいました。梓に適した勉強法や運動があればでき得る限り学びに行き、親の会にも積極的に参加して同じ境遇の方々との交流の輪を広げました。

早いもので、そうして一所懸命育てた梓は現在二十六歳。最重度の障がい者であり、知能はいまも二歳半ほどです。

外では特別な目で見られることもあります。けれども私たち家族にとって梓は、頑固でこだわりもありますが、陽気で、歌と踊りが大好きな、笑顔の可愛いごく普通の娘なのです。日常生活は慌ただしくはありましたが、彼女の子育てに特別な辛さや困難を感じたこともありません。むしろ彼女がいてくれたおかげで、私たち家族の人生はどれほど豊かになったことでしょう。

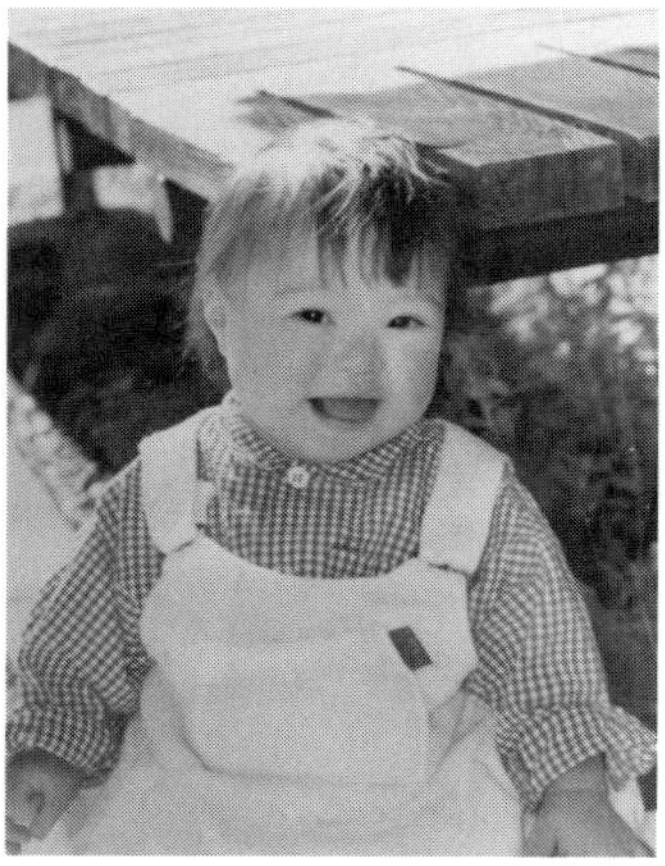

愛くるしい笑顔を見せる梓さん

梓が小学六年生の時のことです。家族で車に乗って出かけている最中に、おもむろに窓の外のお店の看板を指さして「ラーメン！」と言ったことがありました。彼女がカタカナを読めることに初めて気づいた私たちが、「梓がいま『ラーメン』って言ったよ！」と大はしゃぎする中、梓は「ラーメン、ラーメン」と満面の笑みで繰り返すのでした。

一般家庭ではやりすごされてしまうような些細な出来事の一つひとつが、私たちにとってはかけがえのない宝物でした。

子どもは未来

障がい児のきょうだいには、我慢を強

いてしまいがちだといいます。私は上の子たちに寂しい思いをさせないよう、彼らの参観日には夫と交代で必ず出席し、また週末にはお弁当をつくって近所の公園に出かけるなど、小さな思い出づくりに努めました。二人がやりたいことがあれば、精いっぱい応援もしてきました。

　そんな二人にとり、幼い頃から一緒に育った梓は可愛い妹であり、一緒にいることが当たり前ですが、彼女の障がいについて一度きちんと話しておかなければ、という思いがありました。

　ある晩、梓を抱いてお風呂に入っているところへ二人が賑やかに戯れながら入ってきました。よい機会だと思った私は、彼らが落ち着くのを見計らって「あのね、梓はゆっくり育っていく子なんだよ」と切り出しました。「だから、字を書いたり計算したりできるようになるまで、すごく時間がかかるかもしれない」。息子は「僕だって歩き始めるのが遅かったやん」と言ってくれましたが、「でも梓は、算数がずっと分からないかもしれないし、自分の名前も書けないままかもしれないよ」と言うと、二人とも言葉が見つからず黙り込んでしまいました。

　その時でした。梓がニッコリと最高の笑みを浮かべたのです。息子がその笑顔をじっと見つめながら言った言葉は、いまも忘れられません。

「こんなに可愛いっちゃもん、いてくれるだけでいいやん。何もできんでいい」

　息子の思いがけない言葉に、私は涙が止まりませんでした。

梓さん（中）と長女（左）、長男（右）

　別の機会に、「もし、自分に将来梓のような障がい児が生まれたら？」と聞いてみたこともありました。私はその時の娘の言葉にも唸らされました。

「もしそうなったら、楽しいよね！」

　手話で語り合ったり、車椅子を押してあげたり、普通はできない体験がたくさんできるからと言うのです。

　この話を学校の人権学習で紹介すると、教室に「うぉーっ！」とどよめきが起こります。これまで障がい者に対して抱いていたネガティブな思い込みが大きく揺さぶられるのです。

　子どもは未来です。ともすれば不安や心配事で頭がいっぱいになりがちな大人を、無垢な心で明るい未来を思い描く子どもが照らしてくれるのです。

　そんな二人にも、思春期という難しい時期はもちろんありました。その頃の長男は、私が話しかけてもろくに返事もしてくれませんでしたが、仏頂面の彼の傍で梓が突然「どぉこだ？」とかくれんぼを始めると、途端に相好を崩して「お兄ちゃんが見つけてやるぞ！」と探し始め

高校を卒業する梓さん

るのでした。また、仕事が忙しくて梓を学校へ迎えにいけない時には、「俺が行けばいいっちゃろ」と手を引いて帰ってきてくれました。

長男も長女も、梓の前ではいつもよいお兄ちゃんであり、よいお姉ちゃんでした。梓がいてくれたおかげで、二人の反抗期を比較的穏やかにやり過ごすことができたのです。

「叱ってくれたお父さんにお礼を言います」

私はいま、梓と過ごした日々から学んだことをもとに、「あずさからのメッセージ」と題して学校の授業、教員やPTA向けの研修などでお話をさせていただいています。

残念なことですが、障がい児がいじめられたり、暴行を受けたりというニュースは後を絶ちません。子ども社会の中で、障がい児を「ガイジ」と呼んでバカにしたりさげすんだりすることもあります。

初めてダウン症親の会に参加した時に聞いた女性の話には、胸が張り裂けそうでした。お嬢さんが無事成人して、毎日張り切って作業所へ出かけていたところ、道ですれ違った人から「死ね！」と罵られ、唾を吐きかけられたというのです。

こうした現状を変えていくために、自分にできることはないだろうか。そう自問を繰り返し、形を帯びていったのが「あずさからのメッセージ」でした。自分たちと同じように、障がい児にも親がいて、家族があり、愛されて育っていることを伝えたい。私の活動は小さな水滴のようにささやかなものですが、続けていくことで何らかの変化のきっかけになれば、という思いがあります。

嬉しいことに、私の話を聞いてたくさんの子が、「もし自分のもとに障がい児が生まれたら、大切に育てていきます」と言ってくれます。それまで他人事だった障がいを、梓の話を通じて自分に引き寄せて考えてくれるようになるのです。

小学六年生の男の子は「僕は小学三年生の時のことがいま分かりました」と感想を伝えてくれました。

「父親と地下鉄に乗っていると、自分よりも背の低い大人の人が入ってきたので『お父さん見て、あの人大人なのに僕より小さいよ』と言いました。すると、いつも穏やかで優しい父親が『大きいとか小さいとか関係ない。そんなことで人を判断するのは間違っている』と顔を真っ赤にして怒り出しました。僕は本当のことを言っただけなのに、と不満でした。そして今日、授業を受けて気がついたのです。僕は障がいのある大人の人を馬鹿にしていたのです。それを厳しく叱ってくれたお父さんに今日帰ってお礼を言います」

「きょうはじめて、こどもをうんでよかったとおもった」

授業では梓の声を聴いてもらいますが、「えっ、分からない」「日本語?」と疑問の声が上がります。そこで私が梓になり、唇の動きや動作、表情を交えてもう一度聴いてもらうと、皆身を乗り出して懸命に聴き取ろうとしてくれます。

ある小学生はこんな感想をくれました。

「あずさの言葉が分からないんじゃなかった。僕の中に聴こうとする心がなかったんだ」

荒れた中学校に伺った時、最初は私語で私の声が通らず困惑しましたが、次第に会場は静かになり、最後はすすり泣きが聞こえてきました。最前列に座り大声で話をしていた生徒から、後日手紙をもらいました。

「途中から話に吸い込まれていった。そして、涙が出てきてヤバイと思った。先生、また来てね。もっともっと梓の話が聞きたいです」

小学校の支援学級で保護者と先生方にお話をしていた時、一人の女性が、遅れてやってきたにもかかわらず、大きな音を立てて椅子に座り、突っ伏して居眠りを始めたことがありました。戸惑いつつも話を続けていると、その方はいつの間にか顔を上げて熱心に話を聴いてくれていました。後で校長先生から、その女性自身も知的障がい者で、二人の息子が支援学級に在籍していることを聞きました。彼女の感想文にはこう綴ってありました。

「わたしは、きょうはじめて、こどもをうんでよかった、こどもがいてよかったとおもった」

きっとその一文を書くだけでも大変だったのでしょう。何度も書き直してくしゃくしゃになった用紙に、私は胸がいっぱいになりました。

授業が終わって子どもたちが私の周りに集まってきた時、一人の女の子がこう言って泣き出したことがありました。「私の弟は発達障がいで特別支援学級にいます。障がいって分かっているのに私は弟を厳しく叱ってしまうのです。悪いお姉ちゃんです」。すると周りにいたお友達が口々にその子を慰めながら言うのです。「先生、違うの。この子はいつも弟のことを考えているとってもいいお姉ちゃんなのよ」。弟に対する姉の思い、そしてお友達の気持ちに心が震え、私は言葉を返すことができませんでした。

根のしっかり張った子どもを育てるために

定年を過ぎてもこうしてたくさんお声掛けをいただく私は、「あなたは本当に幸せね」とよく言われます。けれども実情は必ずしも見た目通りではないのです。

七年前には、母を交通事故で失いました。横断歩道を渡っているところへ、脇見運転をしていた若者の車が突っ込んできたのです。奇跡的に命を取り止めたものの、一年七か月苦しみ抜いた末に亡くなりました。五年前には私の頭に脳腫瘍が見つかりました。大きさは十八ミリもあり、放っておけば失明する可能性もありますが、手術の難しい場所にあるため、半年ごとの検査で経過を観察しています。

母が事故に遭ったことはとても不運で

親がどんな生き方をするか。それが子どもの人生に大きく影響するのです

したが、そのおかげで最後まで母の傍に寄り添い、親孝行をすることができました。母を轢いた若者が謝罪に訪れた時には、「あなたにはあなたの人生がある。これから先は自分の人生を生きていいんだよ」と伝えることができました。

　脳腫瘍はあれから一ミリ大きくなり十九ミリになっていますが、いまのところ生活に支障はなく、元気に短大での講義や講演活動を続けています。きっと私はまだ、この世で必要とされているのでしょう。

　私がこうした思いがけない出来事を冷静に受け止めることができたのは、梓のおかげだと思います。泣いても喚いても状況は変わらないこと。自分に降りかかった出来事を受け止め、その上で自分にできることを探し、実行することでしか明日は来ないこと。子育てを通じて受け取った梓からのメッセージを皆さんと共有することが、私の願いなのです。

　保護者の方には、いつも二本の木のお話をさせていただきます。

　一本は幹が細く、葉っぱもほとんどついていない貧相な木ですが、根がしっかり張っている。もう一本は幹が太く葉っぱもたくさんついていますが、根が十分に張っていない。どちらの木のようなお子さんを育てたいですかと聞けば、根のしっかり張った子どもを育てたいという答えが返ってきます。

　では、どうすれば根のしっかり張った子どもを育てられるでしょうか。

　植木屋さんに木を育てる秘訣を聞くと、肥料を遠くに仕込むこと。そして適度な水を与え、十分に日光を当てることでしっかり育っていくといいます。

　子育ても同じです。肥料を遠くに仕込むというのは、甘やかさない親であること、待てる親であること。必要な水は、必要な躾を必要な時にすること。十分な日光は、愛情をいっぱい与えること。それによって、子どもはしっかり根を張った人間に育っていくのだと思います。

親の生き方が子どもの人生を決める

　このお話をする度に、私の頭にはある少年の姿が浮かびます。

　彼が幼い頃の一番の楽しみは、病院にいる母親に会いに行くことでした。ベッドの上の母親は、いつも優しく抱き締めてくれました。けれどもある時期から様子が変わり、抱き締める代わりに一冊のノートを介して話しかけるようになりました。旬の食べ物はこれよ、お部屋の掃除はこうするのよと、生活していく上で

必要なことを一つひとつノートに書いて伝えるのでした。母親は、自分の死期が迫っていることを悟っていたのです。

少年が小学校へ上がった時、母親は亡くなりました。けれども彼は、母親が遺してくれたノートを頼りに、歯を食いしばって歩み続けました。そんな彼に追い打ちをかけるような悲劇が訪れます。高校生の時、今度は父親が事故で亡くなったのです。葬儀に駆けつけた方々が少年を憐れみ涙に暮れる中、彼は顔を上げ、立派に挨拶をして言うのでした。

「母が遺してくれたこのノートから、僕はたくさんの愛情を受けてここまでやってきました。だからこれからもきっと大丈夫です」

彼はその後学校を卒業すると、妹を高校にやるため懸命に働き、自分もお金を貯めて大学へ進学しました。そしてどんなに忙しくても、立派に家事をこなしてきたのです。母親は、亡くなった後も我が子を見守り、育み続けたのだと私は思います。

いまの子育ては、子どもを余計な型にはめず、あるがままに受け止めるという考え方が主流ですが、愛情を持ってきちんと躾けることも大切だと思います。では、躾の基準はどこに据えるべきでしょうか。行き着くところは「私」だと思います。

子どもは親の生き方を見て育ちます。親がどんな生き方をするか。それが子どもの人生に大きく影響するのです。私にそのことを気づかせてくれたのも、梓からのメッセージでした。

長女から、夫との馴初めを尋ねられたことがあります。学生時代に障がい児施設のボランティアで一緒になり、ダウン症の子どもの笑顔に惹かれて通信教育で教師の資格を取ったことを話したところ、「ああ、お母さんはずっと梓の母親になる準備をしていたんだね」と言ってくれました。その娘の言葉をもとに詩をつくりました。

あなたの息子は／あなたの娘は、／あなたの子どもになりたくて生まれてきました。／生意気な僕を／叱ってくれるから／無視した私を／諭してくれるから（略）おかあさん／ぼくのおかあさんになる準備をしてくれていたんだね／私のおかあさんになることがきまっていたんだね／だから、ぼくは、私は、あなたの子どもになりたくて生まれてきました

いま子育てに奮闘している若いお母さんには、ご自分の営みの尊さを理解していただきたいと思います。そして、子育てに喜びを見出していただくことを心から願っています。

②

バスジャック事件が教えたもの

二〇〇〇年に起きた十七歳の少年によるバスジャック事件。
そのバスに同乗していた山口由美子さんは、
加害少年によって十数か所もの刺し傷を負いました。
その山口さんはいま、子どもたちが安心して過ごせる「居場所」づくりに尽力されています。
自らに起きた災いを受け止め、よき社会づくりへ転換しようと努める姿に、
人が生きる上で大切なことは何かを教えられます。

不登校を考える親の会
「ほっとケーキ」代表

山口由美子

やまぐち・ゆみこ　昭和24年佐賀県生まれ。45年杉野ドレスメーカー女学院卒業。主婦として、また洋裁教室の講師として過ごしていた平成12年5月、西鉄バスジャック事件に巻き込まれ、十数か所を刺される大怪我を負った。翌13年に「不登校を考える親の会『ほっとケーキ』」を設立。子どもたちの居場所づくりに努める。

ゴールデンウイークのバスジャック事件

二〇〇〇年のゴールデンウイークの五月三日、私は塚本達子先生と一緒にバスに乗っていました。

塚本先生は佐賀市内で幼児教育の教室を主宰され、我が家の子どもたちがお世話になった先生です。子どもたちは小学校に入る時点で先生の教室は卒業しましたが、人生に関する多くを学ばせていただいた私自身が先生から卒業できず、交流を続けていました。この日は一緒に福岡にクラシックのコンサートを聴きにいく予定でした。

バスが高速に入ってしばらくすると、一番前の座席に座っていた少年が突然立ち上がり、牛刀（ぎゅうとう）を振りかざしてこう言いました。

「このバスを乗っ取る。全員荷物を置いて後ろへ下がれ」

最初、私はこの少年が本気でバスを乗っ取ろうとしているとは思いませんでした。声にすごみはなく、まだ中学生くらいのあどけない少年だったからです。

「何を言っているんでしょうね」

という感じで先生を見たら、意外にも大変驚いた様子で固まっていらっしゃいました。多くの子どもたちと接し、度胸もあって信仰心も篤（あつ）い先生は、こんなことでたじろぐような方ではないのに……。

乗客は少年の言うことに従い、後部座席へ移動しました。その時、一人だけ眠っていて事態に気づいていない方がいました。

「おまえは俺の言うことを聞いていない！」

少年は逆上し、その人の首を刺したのです。その時初めてこの子は本気なのだと気づきました。

しばらくすると、運転手から「トイレ休憩も必要じゃないか」との声掛けがあり、少年はそれに応じて、バスは道路の路肩に止まりました。乗客の一人が降りていかれましたが、おそらく通報されたのでしょう、バスの前に乗用車が何台か止まり始めました。

気づいた少年はさらに逆上し、「あいつは裏切った。これは連帯責任です」と言いながら、一番近くに座っていた私の顔を牛刀で切りつけました。とっさに両手で顔を覆うと、今度は手を切られ、次は首、次は……。何か所刺されたかは分かりません。あちこちを切りつけられ、私は通路へ転がり落ちてしまいました。

しかし、その時私はこう思ったのです。ああ、彼の心は、この私の傷と同じくらいに傷ついていたのだ。そんな少年を殺人者にするわけにはいかない。

なぜ、そんな思いが湧（わ）いてきたのか、それはいまだに私にも分かりません。しかし、その思いが私の命を守ったのだと感じています。

子どもは自ら育つ力を持って生まれてくる

バスはどのくらい走ったのでしょうか。うっすらとしか意識がないまま床に座り込み、傷の浅かった右手で体を支え、左手は心臓より高い位置にと思ってひじ掛けに置いていました。

そうして数時間が経過した頃です。バ

スの速度が落ちたのを見計らって、二人の乗客が窓から飛び降りました。すると少年は「連帯責任」という意味なのでしょう、塚本先生を二回刺しました。

倒れ落ちる先生を見ながら、私は直感的に「突っ伏したら死んでしまう」と思いました。「先生、起きて！」と心の中で何度も叫びましたが、自分の体もままならず、どうすることもできませんでした。

広島に入り、パーキングエリアでバスは止まりました。少年と警察とのやり取りが続いていましたが、詳しくは分かりません。しかし、怪我をしているということで私は他の乗客の方よりも先に窓から救出されました。

助かった――。その瞬間はそれしか思い浮かびませんでした。極度の緊張感から解き放たれた私は他の乗客の皆さんのことにも、一緒にいた塚本先生のことにも思いが至りませんでした。

痛い、つらい、怖い、そういうすべての感情が固まって押し寄せ、訳が分からない状態です。搬送される救急車の中で「もう一人の方はダメだったみたいだなあ」と職員同士の会話を聞いた時、「そうか。塚本先生は亡くなったんだ……」と、情報だけが体の中を通り過ぎていきました。

塚本先生との出会いは、一番上の息子が四歳の時にさかのぼります。小学校の教員だった先生は、偏差値教育や受験戦争など現代の学校教育のあり方に疑問を感じて退職。独自に幼児教室を主宰され、「この世に生まれて初めて出会う教師は母親である」という考えから、子どもたちとお母さんのための教育に専心しておられました。

先生は常々「子どもは自ら育つ力を持って生まれてくる。大人はそれを援助するだけでいい」とおっしゃっていましたが、この教えが私の子育ての指針となり、特に娘が不登校に苦しんでいた時代には大きな支えになりました。

娘は小学校の時に不登校となり、その後は通えたものの、中学に入るとまた行けなくなってしまいました。一番苦しいのは娘だと分かってはいるものの、周囲から子育てが悪かったからこうなったと思われたり、この子の将来はどうなるんだろうと不安になったりと、親として娘を受け入れられない時期もありました。

しかし、「子どもには自ら育つ力がある。大人はそれを援助するだけ」という塚本先生の教えがあったからこそ、娘が自分で立ち上がるまで待つことができたのではないかと思うのです。

事件前は被害者だった加害少年

事件から一か月半、私は広島の病院に入院し、治療とリハビリに励みました。

結局、私は少年によって十数か所刺され、場所によっては、あと少し傷が深かったら死んでいたかもしれないとお医者様は言いました。私自身、もしも床に倒れていたら、間違いなく出血多量で死んでいたと思っています。

それゆえ、事件の直後は体のあちこちが張り裂けるように痛く、あまりのきつさに、いっそあの時死んでいればよかったと思うほどでした。

時間がたつにつれ、少しずつ加害少年の素性は私にも伝えられました。少年は娘と同じ十七歳、高校は不登校の末、退学……。

「ああ、彼も苦しんでいたんだ」と思いました。

バスの中で、少年が最初に逆上して言ったあの「俺の話を聞いていない！」という言葉。きっと彼は十七年間、ずっと心の中で「話を聞いてほしい」と訴えていたのでしょう。しかし、それに耳を傾けなかった周囲の大人たち。少年は事件によって加害者になりましたが、それまではずっと大人社会の被害者だったのだと感じたのです。

ところで、ある日、懐かしい人が来てくれました。娘が不登校の時に県の適応指導教室でお世話になった精神科医の先生です。このような事件に遭った被害者には精神的ケアも必要だろうと広島の病院の先生から言われ、夫が県にお願いして来てくださいました。

ひとしきり話を聞いてくださった後、先生は一言こう言いました。「彼にも居場所があったら、こんなことにはならなかったかもしれないね」

居場所……。その時、この一言がストンと胸に入ってきて、後に折に触れ思い出していました。

退院後、佐賀へ戻ってみると、一か月半がたって幾分収まってきたといっても、さすがに全国的に大きく報道された事件であり、マスコミの人たちが次々と自宅を訪ねてきました。

それにしても、ほとんどが「身勝手で頭のおかしな少年による凶悪事件」という報道のされ方で、「許せない」「少年でも厳しく罰しろ」というのが世の論調です。

「違う、少年だけが悪いのではない」

このことを世の中に伝えていかなけれ

2000年5月、乗客救出後の現場検証の様子 ©時事

彼の心は、この私の傷と同じくらいに傷ついていたのだ。
そんな少年を殺人者にするわけにはいかない

「この世に生まれて初めて出会う教師は母親である」

ばならないという、使命感にも似た思いが自分の中に芽生え始めました。

　しかし、それを伝えるためには、かつて娘が不登校であったことを話さないわけにはいきません。

「あなたが不登校だったこと、世の中に話してもいい？　嫌だったら事件のことは一切マスコミの人に話さない」

　すると娘は、

「お母さん、よかよ。私にはお母さんや話を聞いてくれる人がいたからよかったけど、彼には誰もいなかったんだよね」

　と言ってくれました。

　そうして私は事件や少年に対するありのままの思いをマスコミにお話ししました。

　すると、報道を見た何人かの知人・友人からお見舞いや励ましのお電話をたくさん頂戴しました。意外なことに、いままでまったくそんな素振りを見せなかったのに、「実はうちも一時期不登校でした」「下の子が不登校で……」と言われる方が何人かいました。「皆で話す機会がほしい」という相談もあり、事件の翌年の二〇〇一年から現在代表を務める「不登校を考える親の会『ほっとケーキ』」は発足しました。

　親が子どもの不登校を受け入れることで、家庭が子どもが安心して過ごせる居場所になってほしい。そんな願いで会を運営し、今年で二十一年目になります。現在は小学校に通えない子どもから、成人して引きこもってしまった方など、約十組の親子の「居場所」づくりを目指しています。

刃で刺されても恨むな
恨みは我が身をも焦がす

　二〇〇五年、私は京都の医療少年院で加害少年と対面しました。これは私から申し入れていたことでした。

　いま、司法の現場では「修復的司法」といって、被害者と加害者が直接会って話すことで、互いに犯罪の影響とその将来へのかかわりをいかに取り扱うかを解決するプロセスが取り入れられつつあります。しかし、これが成り立つには時間がいるのです。事件を起こし加害者となった時点では、自分がこれまで受けた心の傷のほうが大きい。その傷が癒えて、初めて自分が犯した罪の大きさを知り、謝罪ができるのでしょう。

　いま、被害者やその関係者が裁判を傍聴できる制度ができましたが、その時点ではまだ加害者の傷が癒えていないことのほうが多い。報道で「反省の色が見えない」と被害者側の方々がおっしゃるのを見るたびに、これではより被害感情を増幅させてしまうのではないかと危惧しています。

事件から五年がたち、医療少年院の先生が「いまなら」と判断され、私は少年との面会が実現しました。そして彼に「誰からも分かってもらえず、つらかったんだね」と伝えました。彼もまた私に心からの謝罪を述べてくれたと思っています。

その後、彼は出所したと聞いています。今後もう二度と罪を犯さず一生を送ってほしい。それでこそ、私の傷も、塚本先生の死も生きるのではないかと思うのです。

事件から二十年以上がたちますが、その後も少年犯罪は後を絶たず、抑止力として少年法の刑を重くしたり、適用年齢を下げようという動きがあります。しかし、そういう子どもたちを生み出しているのは、ほかならぬ我々大人社会です。大人が変わらず、ただ刑を重くしても、何の解決にもならないと思うのです。

私自身、事件に遭って、ようやく子どもたちがありのままにいてくれることに深い感謝の気持ちを抱けるようになりました。

娘の不登校を受け入れたといっても、学校に通う息子たちには普通の社会生活の中で頑張ってほしいと思っていたのも事実です。

しかし、事件後は、子どもたちがそこにいてくれて自分の話をしてくれる。それに「そうだね」と頷けることが何より嬉しい。「お母さん変わった。いまのお母さんには何でも話せる」と息子に言われ、初めて自分の変化に気づきました。

何年も塚本先生に学びながら、事件に遭ってようやく先生の教えを真に理解できたのです。このような別れになりましたが、やっと先生のもとを卒業したんだなと思います。

死後、塚本先生は私やご遺族に一つの言葉を残されました。

「たとえ刃で刺されても恨むな。恨みは我が身をも焦がす」

これは事故の直後に、先生のご子息が「母の財布に入っていたおみくじの言葉です」と言って教えてくれたものでした。「母は遺された者たちの心のありようまで示唆して逝ってくれました」とおっしゃった時、あの日の先生の驚いた様子を思い出し、もしかしたら先生はきょうここで、ご自分の命が尽きることを察知したのかもしれない。そう思いました。

少年によって深い傷を負い、いまも傷あとや後遺症が残る私が、恨むどころか、少年のほうが被害者だと主張するのを聞いて、「山口さんは強い」とおっしゃる方もいます。しかし「恨みは我が身をも焦がす」という言葉を思うと、実は私は楽な生き方を選んだのではないかと思うのです。

そして、すべての出来事には意味がある。事件もまた、私にとっては必要な出来事だったと受け止めています。

つらい目に遭った時、それを受け入れられず、必要な対応や支援もなくて、相手への報復を願う人もいます。

しかし、私は良くも悪くも事件という一つの縁に出逢ったことで、たくさんの人と出会い、受け入れてもらう経験の中、そこから学び、新たな自分とも出会うことが出来たのです。これからは家族や周囲の人たちとの関係の中で、お互いのしあわせを紡いでいきたいと思っています。

③

母として生きた奈緒の112日間

妊娠をしながらの乳がん治療。
苦難の道のりを迷うことなく突き進んだ清水奈緒さんは、
息子を出産した百十二日後に、二十九歳という若さで天国へと旅立ちました。
夫で元読売テレビキャスターの清水 健氏は現在、
がん撲滅のための講演活動に注力されています。
清水氏が語ったシングルファーザーとしての奮闘、活動に懸ける思い、
そしていま子育てに取り組むお母さん、お父さん方に伝えたいこと――。

様の清水奈緒さんと

フリーキャスター　清水健基金代表理事
清水 健

しみず・けん　昭和51年大阪府生まれ。中央大学文学部社会学科卒。平成13年読売テレビに入社。21年から夕方の報道番組「かんさい情報ネット ten.」を担当し、「シミケン」の愛称で親しまれる。25年スタイリストの奈緒さんと結婚。翌年長男が誕生。その１１２日後に奈緒さんが亡くなる。28年一般社団法人清水健基金を設立し、代表理事に。29年読売テレビを退社し、子育てをしながら全国で講演活動を行っている。著書に『１１２日間のママ』『笑顔のママと僕と息子の９７３日間』（共に小学館）がある。

一人ひとりに向き合う

――清水さんは現在、奥様の闘病体験を基に、がん撲滅のための活動に注力されているそうですね。

清水　はい。妻の奈緒は二〇一四年三月に妊娠が分かった翌月、妊婦検診で乳がんを患っていることを告げられたんです。胎児に影響を与えない範囲で治療を続けていたものの、息子を出産して百十二日後に二十九歳で僕たちの横からいなくなってしまいました。

　僕たちの人生を記すことによって、いまを向き合っていらっしゃる方にエールを贈ることができるならばと『112日間のママ』という一冊の本にまとめさせていただきました。自分でもびっくりするくらい反響があって、本をきっかけに本業だったキャスターという仕事以外に講演の機会を次々といただくようになりました。そのため翌二〇一七年に十六年間勤めた読売テレビを退社して、講演活動に尽力するようになったんです。

――キャスターを辞めて打ち込むほど、この活動に懸けていらっしゃるのですね。

清水　自分のわがままです。多くのご迷惑もご心配もおかけしています。これまでの二年半で約三百件、三日に一回のペースで講演してきました。講演ってその場限りで終わってしまうことが非常に多いので、僕はその出逢いを少しでも広げていくことを大事にしたいと思っています。例えば、講演後にお手紙やSNSを通じてメッセージをいただくことがありますが、時間がある限り、一つひとつ応えていきたいなと思っているんです。

――すべてご自分で？

清水　はい。手紙を書くというのは時間もエネルギーもかかることなので、送ってくださった方々への感謝も込めて、直接自分で返事を出しています。返信だけで一日が終わってしまうこともしょっちゅうあります。それでも、見ず知らずの第三者である僕に気持ちを吐露してくださったこと自体が非常にありがたい。「全心」と僕は表現しているんですけど、すべての心で以て、皆さんの気持ちに向き合っていきたいと思っています。

結婚、妊娠、そしてがんの告知

――奥様との出逢いを教えてください。

清水　僕が三十五歳で読売テレビの報道番組「かんさい情報ネットten.」のメインキャスターを担当させていただいた頃、スタイリストだった彼女と出逢い、二〇一三年に結婚しました。

　毎日夕方から二時間の生放送を行い、帰宅後は必ず録画しておいたその日の番組を三時間かけて見直して、自分の発言や表情を細かくチェックするのが日課でした。

　いま思えば、「キャスターたるものは完璧であらねばならない」と勝手に思い込み、肩肘を張っていたと思います。生放送という緊張感が伴う環境の中に日々身を置いていた僕にとって、家族という存在はとても大きな支えでした。妻は唯一、僕が弱音を吐けた人だったんです。

――奥様の存在が支えだったと。

清水　妻は清水健のことを一番理解してくれていたと思います。

　結婚の翌年には妊娠が分かり、幸せの絶頂にいた時、突然「まさか」がやって

「私は三人で生きていく」その決断に寄り添い、共に闘うと心に誓いました

きました。妊婦検診時に偶然、乳がんを患っていることが発覚したのです。

――幸せの只中で、突然……。

清水　乳がんは早期発見ができれば九割が治るといわれている病です。しかし、妻の場合は妊娠していた。胎児への影響を考慮すると、できる治療が限られていたのです。

いろいろな病院に行きましたが、どこに行っても、「今回は、出産を諦め、治療に専念してはどうか」といった厳しい言葉を掛けられました。産むのか産まないのか、僕たちは一瞬にして、「命の選択」を迫られたわけです。

妻は一切弱音を吐きませんでしたけど、本当はすごく怖くて不安だったと思います。でも妻は、「私は三人で生きていく」と覚悟を決めた顔をしていたので、僕はその決断に寄り添い、共に闘うと心に誓いました。

――治療も出産も諦めないと覚悟を決められたのですね。

清水　しかし正直、夫である僕としては「産む」という決断に一瞬立ち止まってしまったのは事実です。決して迷ったわけではありません。ただ、妻の身を案じると戸惑いが拭いきれませんでした。

治療中、一番辛かったのはもちろん妻だと思いますが、僕自身も心身共に参っていました。「いつもの健さんが見たい」というのが妻の希望だったので、僕は仕事を休まず、普段と同じように生放送を終えてから、大急ぎで病院に向かっていたんです。妻の病のことは職場でも数人にしか話していませんでした。

――精神的にも体力的にもお辛い状況でしたね。

清水　やっぱり、大切な人の病状がどんどん悪化していく姿は、見ていられなかったですね。二〇一四年十月に元気な息子を出産した後から急激に体調が悪化し、それから百十二日後、二十九歳で息を引き取りました。

妻を守れなかった自分を責めることもありましたし、一番辛いはずの妻に弱音を吐いてしまったことを後悔したこともあります。でも、病気になってしまったことや、いまの現実って誰も悪くないんです。そう思えるようになるまでは少し時間がかかりましたが、妻の生き方からは本当に多くのことを教えられました。「自分よりもみんなのほうが辛いから」、妻はよくこの言葉を口にしていました。また、どんなに辛くても弱音を吐くことはなく、最期まで笑顔でした。自分の妻を褒めることはおかしいですが、本当に立派だったと思います。

弱さを見せてもいいのだ

——奥様が亡くなられた後、生後四か月の息子さんを一人で育てると決意されたと伺いました。

清水　責任感からか分かりませんが、「いままで通り仕事を百%行いながら、子育ても自分で行い、周囲には迷惑を掛けない」と、意気込んでいました。

しかし、仕事をしながら生まれたばかりの子どもを一人で育てるなんて、無謀だったと痛感させられました。そもそも、育児に対する知識が全くなくて一人では手も足も出なかったんです。いまなら無理なことは無理ですとはっきり言えますが、当時の僕は弱音を一切吐けなかったので非常に苦しみました。もちろん、近所に住んでいた僕の母や、既に小学生の子どもがいる姉が親身になって助けてくれましたが、頼っていること自体にも罪悪感を抱いていました。

いわゆるイクメンと言えば聞こえはいいですが、常に息子を第一優先で仕事が二番。そのことに対して、仕事を蔑ろにしてしまっていないか、自分を責め続けました。

物理的に会社にいられる時間が減ったため、職場の人たちとコミュニケーションが不足し、上手くいかないことも出てきて、頑張れば頑張るほど空回りばかり。愚痴を言ったり相談ができればよかったのかもしれませんが、僕にはできませんでしたね。

——一人で苦悩を抱えられていたのですね。

清水　妻の三回忌を迎える頃、パッと立ち止まって自分を客観視した時、愕然としました。自分でも驚くほどやつれていて、六十四キロあった体重は四十四キロにまで激減していたのです。

「妻はいなくなったけど、ちゃんとパパもやるし、仕事もやるから大丈夫！　負けるものか！」、そう自分に言い聞かせていたものの、心も体も追いついていなかったのだと思います。

——その状況をどう打開していかれたのですか？

清水　先ほど紹介した初の著書を出版し、講演の依頼が来るようになったことが大きな転機でした。

講演って、過去の自分の後悔も含めてすべてを振り返りながらお話しするので、かなりしんどいんですね。それでも自分の心と向き合い、ありのままの言葉ですべてを曝け出すと、参加者の皆さんが「よく話してくれた」「私たちも一緒だから」と涙を流してくださったんです。それまでは格好をつけて、「しんどいけど僕は大

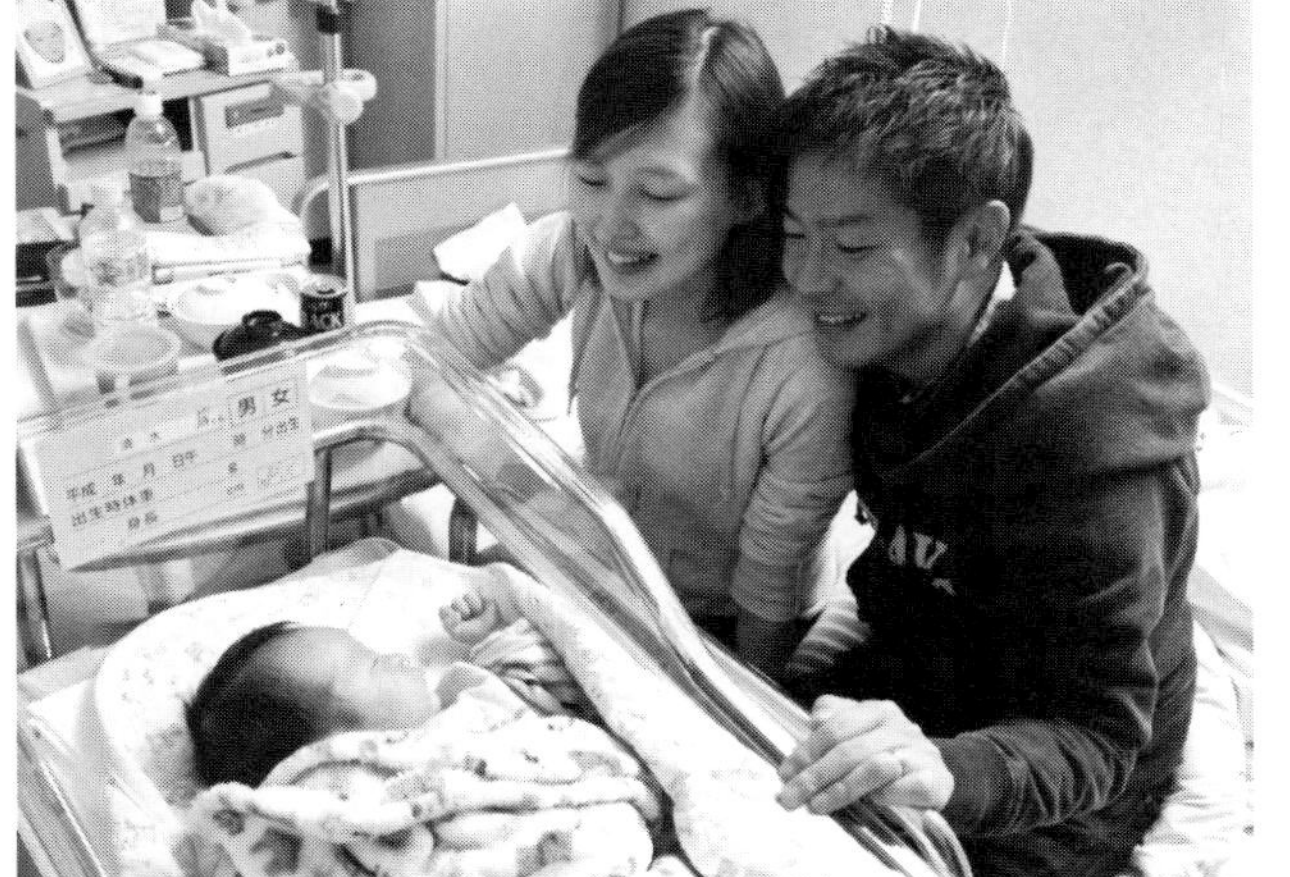

元気いっぱいで生まれた息子を囲んで

丈夫」と、無理に笑おうとしていたんですけど、笑わなくていいんだ、弱さを見せてもいいんだと教えてもらいましたね。

——ああ、ありのままでいいのだと気づかれた。

清水　ある講演で、周囲を憚(はばか)らずに大泣きされている六十代の男性がいらっしゃいました。その方もシングルファーザーで、講演が終わった後、「大丈夫だ。俺を見てみろ。辛い時期もあったけど、いま娘は元気に大学生になっているから」と応援してくださったんです。こうした方々との交流一つひとつが、僕の支えとなっています。

「あなたは一人じゃない」

清水　他にも忘れられない出逢いがたくさんあります。あるお母さんと中学生の娘さんが二人で聞きに来られました。そのお母さんが講演中に、ものすごく涙を流されているんです。聞けば、ご自身がいままさに乳がんと闘っていて、娘さんの前では一度も泣いたことがなかったのに、その時初めて泣いてしまったと。後日その娘さんから手紙が届きました。

「お母さんの涙を見ることができてよかった。私のことをこんなに思ってくれていたんだと知ることができました。お母さんと一緒に、これからも闘っていきます」

——感動溢(あふ)れるお話ですね。

清水　講演を重ねる中で、皆、泣きたい思いや弱音を必死で堪(こら)えているのだと気づかされました。親しい間柄だからこそ弱さを見せられないことってあるのかもしれません。第三者である僕の講演会だからこそ、周囲を気にせず涙を流したり、気持ちを吐き出すことができる。そう思った時、こうした涙を流せる場があってほしいと思うようになりました。妻の闘病中、僕には涙を流すことができなかった。だったら、いま僕がマイクを持たせてもらい、場をつくろうと。

——様々な事情を抱えた方の感情を受け止めるというのは、とてもエネルギーが要りますね。

清水　ここまで自分の心をいじめていいのかなとも思います。ただ、僕がすべてを受け止められているとは考えていません。それでも、苦悩を抱える方々に寄り添い、「あなたは一人じゃないよ」とだけでも伝えられたらと思っています。

息子は五歳　パパも五年生

——いま息子さんはおいくつになられましたか？

清水　もうすぐ五歳の誕生日を迎えるところですが、遊びたい盛りで毎日てんてこ舞いです。自分一人であれば五分で行ける道でも、息子と歩くと十五分もかかるなんていうのは日常茶飯事（笑）。おかげで、世のお母さん方はこんな大変なことを毎日やっていたのかと、気がつくことができました。

――子育てで心掛けていらっしゃることはありますか？

清水　息子の興味を持っていることには一緒に興味を持つようにしています。四十三歳になってなんでこんなに恐竜の名前を覚えたかといったら、息子と一緒に遊びたいからです。子どもの記憶力ってすごいなと思うんですけど、息子は僕よりも恐竜の種類を知っていますし、難しい名前もスラスラ読みます。カタカナは教えていなかったにも拘らず、恐竜の名前で自然とカタカナを覚えてくれました。

　そうなると、今度は「ひらがなはちゃんと覚えているのかな？」なんて不安が出てきますが、そんな心配をよそに、子どもは自然に覚えていくものなんだろうと感じています。僕自身もパパになってようやく五年生を迎えるところなので、息子と一緒に成長していけたらなと思っています。

瞳の奥に隠された真意

――人は誰しも、逆境や困難に直面することがあるかと思いますが、そんな時、どのような心持ちでいることが大事だと思われますか？

清水　自分の心に素直でいることだと思います。頑張って無理してしまうと、逆に心が弱ってしまいます。また、「助けて」というひと言を言えるかどうかも大切ですね。渦中にいると、「なぜ自分だけがこんな辛い目に遭うのか」と僻んだり、「全部自分で解決しよう」と背負い込んでしまうものです。僕自身もそうでしたが、その時支えてくれた大勢の方から、「一人じゃない」ことを教えてもらいました。

　僕は妻の闘病のことを公言しないという選択をしたため、仕事場で僕の状況を知っていた人は僅かでした。それが正解だったのかどうかは分かりませんが、講演で全国を回るうちに、僕と同じように人知れず闘っている人がいかに多いのかを痛感しました。それは病気だけではなく、本当にそれぞれの環境の中で皆さんグッと堪えて頑張っておられるのです。

　愁いや悲しみを語らず、我慢することも格好いいですし、時には涙を流すことも格好いい。その時々の瞳の奥にある真意を察することのできる人でありたいと、

無理に笑わなくてもいいんだ、弱さを見せてもいいんだと教えてもらいました

妻の最高の笑顔の意味を探していくことが、これからの僕の人生の宿題です

僕は思っています。

――瞳の奥に隠された真意を察することのできる人でありたい。

清水　いま妻との写真を見返すと、不思議なほど、妻はどの写真も笑顔で写っているんです。将来に対して不安いっぱいでも、痛みで苦しくても、最高の笑顔で笑っている。この笑顔の意味を探していくことが、これからの僕の人生の宿題です。

僕は妻がいなくなってしまったことは、一生乗り越えられないと感じています。だって、五年経っても十年経っても、絶対妻のこと忘れないですから。格好悪くてもとことん引きずっていこうと思っています。ただ、生きている限り、笑わなきゃいけないし、前を向かなきゃいけないですから、妻がいないという現実を受け止めながら、これからも笑顔で全力で生きたいと思います。

よく、「奥様は二十九年間よく生き切りましたね」と声を掛けていただくことがあるんです。でもやっぱり、生き切ったはずがないですよね。もっとやりたいことはたくさんあったはずですし、生きたかったはず。ですからいま生かされている僕は、この瞬間を全力で生きよう、そう誓っています。

『母』読者の皆様へ

息子は、今年、小学生になりました。妻は、今の僕たちの姿をどう見ているんだろう。「パパ、明日はお仕事、お休み?」「明日もお仕事なんだ」。息子は、がっかりした表情を隠して、「じゃ、今度のお休みの日に公園で野球しようね!」と笑顔で答えてくれました。息子に我慢させていることも多いと思います。仕事もあるから仕方がない。でも、そう思っていても、一時間でも仕事を早く切り上げようとする僕もいます。これが家族なのかな。お互いに我慢をしたり、頑張ったり。

妻も、闘病中、たくさんの我慢をしていました。僕の前では、どんなに辛くても不安でも、涙を見せなかった。その我慢が必要だったのかどうか。もしかしたら、僕が妻に我慢をさせてしまっていたのではないか。息子に、「パパにいま、何かを言ってはいけない」、そんな我慢だけはさせたくないなと思っています。息子には一番に甘えたいママがいないから。

みんなが頑張っています。本当に頑張っています。もちろん、頑張りにゴールはありません。でも、時には立ち止まって、頑張ってるよねと笑ってもいいのかなって思います。だって、本当にみんなが頑張っているから。無理はダメ、一番、悲しむのは子どもたち。でも、やっぱり、みんなちょっと無理するんだろうなと思う。だって、子どもたちに笑ってほしいから。だから、僕はあえて、この言葉を言い続けていきたい。

みんな、頑張っていきましょうね!

コラム　母の教え③

麦は踏まれて強くなる

小嶺 忠敏

長崎総合科学大学特任教授
元長崎県立国見高等学校サッカー部総監督

私の場合は、母に育てられましたから、母の教えが人生の支えとなっています。うちの地方では麦踏みというのがあるんですよ。麦は少し背丈が伸びたら踏み倒す。一週間くらいたって、また伸びてきたら、また踏み倒す。それを三回くらい繰り返すんですよ。小さい頃、私はそれが不思議でならなかった。

ある日、母に「どうして何度も麦を踏み倒すの」と聞いたら、「踏まれた麦は上を向いてスクスク育っていくが、踏まれていない麦は冬に霜や雨が降るとしおれてしまって、作物にならない」と。続けて「人間も同じだよ。小さい頃や若い頃に苦労して、踏まれて踏まれて大きくなった人間が将来大物になるんだぞ」と教えられました。

もう一つ心に残っている教えがあります。九州は昔から台風が多いのですが、台風が去った後、母が「あれを見てごらん」と指した方向に、大木が何本も折れて倒れていたのです。一方で、大木の横にある竹やぶの竹は一本も折れていない。

母は「竹にはところどころに節がある。だから強いんだ。人間も遊ぶ時は遊んでもいいが、きちっとけじめをつけて、締めるところは締めないといけない」と教えてくれました。

「節ありて竹強し」なんですね。

これらの教えが辛い時、私の支えでした。

実際、長崎の島原にいながら県立高校で日本一を目指すことは、当時の常識で考えれば不可能に近いことで、高校の同級生たちからは「バカか、おまえは。こげんとこで日本一になれるものか。もしおまえが日本一になったら、俺らは島原中を逆立ちをして歩くたい」と言われましたよ。

初優勝は十年目の昭和五十二年のインターハイです。しかし、サッカーは他の競技と違って、冬に行われる全国高校サッカー選手権が一番大きな大会なのですが、これがなかなか勝てなかった。やっと優勝できたのが、二十年目の昭和六十二年です。その間、島原商業から国見高校への異動もありました。不思議なことに、一度優勝すると、次からドドドと六回優勝できたんです。

私はいつも言うんですが、普通のことを考え、普通のことをしていたら、普通のことしかできない。勉強も人が一時間するなら二時間やる。サッカーだって、よそが三時間練習するなら、うちは六時間やる。とにかく鍛えるということです。

④

生きるとは「もう駄目だ」とは言わないこと
～三人の幼な子と死線を越えて

敗戦の混乱の中、飢えと寒さと恐怖に怯えながら、三人の幼子を連れて満州から引き揚げ、帰国した藤原ていさん。決死の思いで生還を果たし、子どもたちの命を守り抜いたその姿に、母親という存在の逞しさを見る思いがします。

61歳頃の藤原さん©時事

作家
藤原てい

ふじわら・てい　大正7年長野県生まれ。壮絶な引き揚げ体験を描いたベストセラー小説『流れる星は生きている』を書いた作家で、山岳小説で知られる新田次郎さんの妻。戦時中、夫の転勤で中国東北部（旧満州）へ。敗戦の混乱期、夫と離れて幼い3人の子どもを連れ、苦難の脱出行の末に帰国。遺書のつもりで書いた引き揚げ体験記が昭和24年に『流れる星は生きている』（日比谷出版社）として出版され、映画・ドラマ化もされた。数学者の藤原正彦さんは次男。平成28年逝去。

死を覚悟して書いた遺書

——藤原さんはご主人の故・新田次郎さんと赴任した満州で敗戦を迎え、小さな子ども三人を抱えて奇跡的に生還されたわけですが、それから四十余年、いまでも、「三十八度線を越えた時が、人間を百倍も成長させた」とおっしゃっていますね。

藤原　なんといっても、ああいう経験はそうしばしばあるはずはありませんし、もう日本でも生き残ってあの経験を持ってるという人が少なくなりましたからね。私ももう六十八ですから、当然少なくなるだろうという気持ちもあるんですけれども。ただね、知らないことは繰り返しますから。できる限りチャンスを求めて、それをみなさんにお話ししたり書き残していかなければいけない、そう思いますね。

——貴重な体験ですからね、一人でも多くの人たちに伝えてほしいですね。

藤原　一年半の放浪生活の中で、追いつめられて血を流して這って、赤ん坊しょって逃げなければならない時期がしばしばあったわけですが、あれだけの苦しみですから、押し潰される人もいます。ただ私はそれを乗り越えてきて、大きな経験をした。亡くなった方々には申し訳ないけれども、私の人生にあれだけ大きなものを与えてくれた、試練を与えられて生き残ってきたということは、生きていく上において大きなプラスになっているように思います。

——そのときの体験を克明に書かれたのが、『流れる星は生きている』という本でしたね。これは遺書として書かれたそうですが。

藤原　遺書でしたね。もう死を覚悟してましたからね。体はくたびれ果てて、その上に足が化膿して、足の裏をえぐり取ってますからね。というのは、逃避行のなかで、小さな石やトゲなどが足の裏にめり込んでしまったんですよ。

——石がめり込むというのは、また相当ひどいことですね。

藤原　その上に、日本にたどり着いたときはいえ、結核という病気を持ってましたし、いまみたいにペニシリンで比較的簡単に化膿した部分を止めるようなことはできない時代でしたからね。

もちろん、あることはありましたよ。アメリカ兵の横流しで、上野のアメ屋横丁で一本千円で売ってました。

——ペニシリンを？

藤原　そう。そのころの給料というと二百円か三百円なものですから、とても千円のペニシリンを買えるはずがない。しかもその当時は、二時間おきですから、一日十二本打たなければいけないわけですね。それはそれは、どうしようもない高価なものでね、結局、栄養剤を打って回復を待つしかなかった。

ところが、栄養剤打っても激しい栄養失調と、体が腐ってくるのと一緒だから、思わしくならない。もう死が迫っていると思いましたね。

——なるほど。

藤原　で、幼い子どもたちに、私の遺してやれるものは遺書だけだった。子どもたちはまだ幼な過ぎて、母親の苦しみが分かる年ではないけれども、やがて深い悲しみの日もあるだろう。「お母さん！」

暗い部分に入ったときに、もう駄目だと言ったら、その人はもう駄目なのです

帰り着くまで歌い続けていたんです。ちょっとした空虚ができると、口をついて出てくるものはこの悲しい歌だったんですね。

――生きていてほしいという願いがあるわけですね。

藤原　昭和二十年八月九日、ソ連軍が参戦してきたわけですが、その前からすでにソ満国境では戦いが繰り返されていたんでね、兵隊が、航空兵が飛行機に乗って北に飛んで行っては帰ってこない。撃ち落とされるんですが、それを航空兵はみんな生きているんだ、「地上に落ちたかもしれないけど生きてるよねえ」といって、みんなで慰め合っていたんですね。

夫も北の方に連れて行かれましたから ね、北朝鮮で逃げ回る間、「おとうさんは死んではいない、生きているんだ、どこかで、どこにいるか分からないけど、生きていてほしい。三人の子どもたちのためにも生きているんだ」という祈りがありました。だから、いつも私の心の中でこの歌を歌い続けていたんです。

――この本がベストセラーになったときは何を感じましたか。

藤原　それはびっくりしました。そんなつもりで書いたわけじゃないですから。で、当時東大の総長だった南原繁先生が手紙をくれてね、「どうしても会いたいから、あなたが歩けるようになったら、ちょっとでいいから総長のところに訪ねてきてくれないか」ってね。私、赤ん坊しょって総長の部屋まで訪ねて行ったんですよ。そしたら、抱きかかえるようにして「よく生きて帰ってきた」ってね、一生懸命ほめてくれました。何回か手紙を頂戴(ちょうだい)しているしね。

――ああ、そうですか。

と叫びたいような日に、私は遺書を遺すことによって、それに応じてやりたい。「どうかお前たちも、お母さんに負けないように一生懸命生きてゆきなさいよ」と、彼らを励ましてやりたかったんです。

流れる星は生きている

――「流れる星は生きている」――いい言葉ですね。

藤原　きれいな言葉でしょう。南方で戦っていた兵隊さん、終戦間際に死んでしまったんですが、その兵隊さんが作った歌詩なんですね。その一部が、

「わたしの胸に生きている
あなたの行った北の空
ご覧なさいね　今晩も
泣いて送ったあの空に
流れる星は生きている」

私はこの歌を覚えてから、無事に国へ

藤原　でも、戦争がいかに残虐で、いかに子どもが悲しい思いをしなければいけないか、るると綴(つづ)ってた手紙をくれてますしね、ありがたいことです。

　ともあれ、あれよ、あれよという間に売れましてね、それで初めてペニシリンを買いました。で、二時間おきにペニシリンを打って、もう打つ場所がなくなってもバンソウコウをはがして、その横へ穴をあけて打ちました。徹底的に体が腐ってましたからね。意識が戻ってからもずうっと起きることはできませんでした。いま生きているの、奇跡ですね、本当にそう思います。

敗戦後の窮乏生活

――満州へ渡られたのは、昭和十八年でしたね。

藤原　ええ、夫（後の新田次郎）が満州の観象台に転勤になって、十八年の四月に新京特別市に移ったわけです。そして二十年の八月九日、夫に非常召集がかかりましてね。

――ソ連の参戦でね。

藤原　長男が五歳、次男が二歳、そして生まれたばかりの娘と、三人の子どもとともに官舎の人たちは新京駅から列車に乗って南下することになりました。夫にも「お願いですから一緒に逃げてください」と必死で頼んだんですがね、自分には仕事があるからといって聞きいれてくれませんでした。

――それから間もなく敗戦になった。

藤原　夫はすぐに私たち避難団に合流したんですが、夫は毎日、ソ連軍から課せられた道路工事の作業をしていた。そんなある朝、十月二十八日でしたが、ソ連兵が突然やってきて、「十八歳以上、四十歳までの男子」として夫はソ連兵に連れて行かれました。その時、夫は、「今度は帰れないかもしれない。お前は直接日本へ帰りなさい、子どもを頼んだよ」ってね。

――……。

藤原　私はなんにも言葉が出なかった。ただ、ボロボロ涙が流れてね、「元気でね、きっと帰ってきてね」というようなことを繰り返してました。

　それからの数か月は、不安と食糧難とでね、「日本へ帰ったらおなかいっぱい食べさせてあげるからね」と子どもたちに言いながら、あかだらけの両手を握ってやったり、長男は、林の奥へ行っては枯れ枝を集めてくれたり、飯盒(はんごう)で芋を煮ている前で取られないように見張りもしてくれる。娘が泣けば抱いてもくれる。長男としては精いっぱいの手伝いのつもりのようでね、なんとも……。

――そういう生活もそう長くは続きませんでしたね。

藤原　日本に帰れるというデマが飛び交うなかで、年が明けると、食糧は底をつき、病人が続出してくるようになり、薬なんてありませんでしょう。で、病気で亡くなる人、耐えられなくて逃げ出す人、気がおかしくなる人、それはもう大変な騒ぎでした。

　ソ連兵の嫌がらせは日ごとに輪をかけてね、部屋に入り込んできては、「カネ、カネ、カネ」といって略奪していく。私たちは、寒さと疲れと飢えとで、このまま親子四人、地の中へ落ち込んで行ってしまいたいとも思った。「いや、いま弱音を吐いてはいけない」、そう思って踏ん張ったわけです。

——そうしたなかで、毎日のように団体のメンバーが亡くなっていきましたね。

藤原　生まれた直後に赤ん坊を殺して気が狂った産婦もおりましたし、ソ連兵に若い女性が連れ去られたりしました。それを目の前にして私たちは何もできなかった。私は死ぬのは嫌だった。私の死は子どもたちの死に通じるわけですから。どのような悪口やそしりでも我慢する。私には子どもたちがいたんですから。利己主義者でいい、無責任野郎でいい、そう思いましたね。

——いや、それが母親なんでしょう。

藤原　私は子どもたちを守るためには何でもしましたね。物乞（ご）いもしました。道に落ちているカラスの死骸（しがい）を拾って食べたりもしました。そうした生活の中で、生まれた直後からほとんど乳を飲んだことのない娘は、いつの間にか白髪になり、カエルのようにおなかが膨らんでね。

——まだ一歳にならないうちに。

藤原　私は物乞いをしては、あとで夫に祈りました。「どうか許してください。いまの私にはこの姿以外に生きる道はないのです。子どもたちの命を守るためには、この姿は、みっともないとは思わないのです」と。

飢えと寒さと恐怖の脱出行

藤原　こうしているうちに、自分たちの力が、少しでも残っているうちに脱出したほうが賢明ではないか、とにかく一歩でも日本に近づいて死にたいという気持ちになりまして、二十一年八月一日未明、私は、右手に長男・正宏を、左手に次男・正彦を、そして背中には咲子を、首には二週間分の食糧をさげて避難団のいた宣川を脱出したんです。

「お父さん、とにかく脱出します。そして日本へ帰りますからね」

　心の中でそう言いながら、とにかく逃げたわけです。他の身軽な人たちはとっくに逃げてましたし、残った者は条件の悪い仲間だけでしたからね。

——それで汽車で平壌（ピョンヤン）まで行った。

藤原　広場にはおびただしい日本人が渦を巻いてね、疲れ果てて、死んでいるのか生きているのか、コンクリートの上にうずくまって動かない。そこからさらに貨車で新幕まで行った。そこは全くの暗闇で、雨が降りしきっていました。その中を泣き叫ぶ子どもたちを叱りながら、赤土の泥をこねて逃げました。坂を上り、下り、川を渡った。どこかに道はあるはずなんでしょうけどね、そこを通ることは危険ですから。

　昼は見つかるといけませんから、草ややぶの中にうずくまって眠る。逃げるのは夜ですからね、夜動くんです。鉄砲の音なんか聞こえると、ガタガタ震えて歩けなくなるんですね。

——疲労もまた大変なものでしょう。

藤原　長男は追い立てれば、まだ逃げますが、次男は何としても動けなくて震える。一歩、二歩進んでは倒れてしまう。しようがないから右手を持って引きずったんです。引きずって逃げた。ズボンははいていたが、みんな切れてしまってボロボロ、山のトゲや切り株で引き裂いちゃったんですね。足の皮膚をね。それが化膿してしまって、栄養失調も重なって、それはやがて傷になって残りましてね、いまでも、ひざから下は、滝が流れるように深い溝になってしまった。それから左手だったと思いますけど、小指とその隣の指の付け根の当たりが上側だけ七、八ミリ、橋のようにくっついているんです。

――ああ、いまでもそれが傷として残っているわけですか。

藤原　まあ、高等学校までサッカーの選手をしてましたし、別に困りはしないし、歩く分には不自由ないけど、傷が残ってましてね、それで結婚のときに、靴下をぬいで、相手の女性に「実は、これだけの傷を持っているけれども、これでもいいか」と聞いたら、「はい、生きてなさったんだから、名誉な傷だと思います」と言ってくれたんですね。それが次男のいまの嫁です。

次男の藤原正彦氏

帰国後も残った精神異常

――そうした苦難のすえ、日本に帰られたわけですが、長野県の上諏訪（すわ）の自宅に帰られてからも、なかなか回復しなかったようですね。

藤原　ええ、寝てました。それも布団の上では眠れなくて、板の間で寝たり、あるいは土の上でね。「布団の上で寝るのはもったいない。私のような身分の者が布団の上なんかじゃ眠れないし」、そう思ってました。また、居間や食堂なんかでお茶を一切飲めませんでした。雨の日でも雪の日でも庭に座って土の上で、お茶を飲み、夕食だって、とうもろこしのパンとみそ汁しかない時代ではありましたけど、それを自分の分をもらって雪の上で、雪の降る中で座って食べるわけです。

――ああ、そうでしたか。

藤原　まあ、気が狂っていたんでしょうね。「どうぞ私をここで食べさせてください。私はイスに腰かけてテーブルに向かって食事をするような身分ではない」、と。家の者も、泣いているんですね、無理に引っ張ったりしない。母も涙を流してね……。

――意識というか、自覚はあったわけでしょう。

藤原　意識してそれを言っているんです。それが最も私に適している、と思ったわけです。やっぱり、習い性となるというんですかね、一年半の生活が、最後は乞食（こじき）の生活でしたから、あの、雨露の降らないところで食べることなんて、こんなもったいないことを私にはできませんという気持ちでした。

――精神的にまだ解放されていなかったわけですね。

藤原　そうそう、続いてるわけ。その間、夫が中国から引き揚げてきて、上諏訪の駅まで出迎えに行った。むろん私は歩けないし、母たちは急いで会わせてやりたいと思ったんでしょう。リヤカーに私を乗せて、寝たままで上諏訪の駅に運んでくれた。これはうら覚えに覚えています。で、向こうの方から夫が降りてきた。みんなは、お父さんが帰ってきたといって泣いて喜んでるんだけど、私は、どこのおじさんだろう……?と。

——直接お会いしても分からなかったわけですか。

藤原　分からない。みんな泣いてるけど、誰だろう、と。当然、夫はびっくりしたでしょうね。これはもう気が狂っている、と。医者に聞けば栄養失調で、頭まで働かなくなっている。時間を待とうと覚悟したそうです。

　それからしばらくして、元気になって栄養剤でどうにか這い回れるようになってから、ベッドの上で見て、あれは夫だったかな、と。

　新田は黙ってました。私を見てるだけでね。後で聞いたら、「お前の寝ている姿を見ていると、本当におれがお前の夫だなんてこと、絶対に言えなかった」って。よくなってると医者は言ってるから、栄養の行き渡るように努力をしただけだって言ってましたけどね。

　私が動けない間、勤めから帰ってくると、食事の用意や子どもたちの面倒みから家事もやってくれたわけでね、心の底から感謝してました。

力尽きて子どもを残す

——藤原さんと同じような条件の中で子どもを抱えていた人もたくさんいたと思いますが。

藤原　逃避行の途中で一番先に首をつったのは、ソ連兵に強制連行されることもなく残された年寄りの男たち。次に、井戸に飛び込んだのは、独身女性、最後に残るのは、いつも私たち母親でしたね。食べるものもなく、栄養失調で腸の膨らんだふびんな子どもたちを、生かすも殺すも紙一重の気持ちなんですね。どうせ死ぬものなら、いっそ自分の手で……、と。でも、子どもを殺す親は、その瞬間、狂ってましたね。

——中国に残された孤児たちもいた。

藤原　十一月からまた残留孤児の方が来られるようですが、おいでなさっても、母親に会えるケースはほんのわずかでしょうね。残留孤児の親はね、ほとんどいない、死んでいるんですよ、現地で。私はいくつも現場で見てるわけですが、親が非常に重い病気になってるんです。その時すでにね。栄養失調。激しいですよ。その上に、発しんチフス。シラミに食われた病気ね。この二つが重なると、もう、まず死が目の前に迫ってきている状態なんです。

——ああ、そうですか。

藤原　親も当然、死を覚悟してる。せめて子どもだけは命を取り留めてやりたい。それで、「自分はもう命は長くない。せめてこの子だけは助けてやってくれ」、そういう祈りのような気持ちで、中国人に、売る、あるいはあげる。

——ああ、子どもを?

藤原　ええ、そういう状態だったんです。それで、孤児の方々は比較的体に傷を持ってるんです。それも大きな傷を、火傷(やけど)とか小指の先がないとかね、それは、親がわざわざ付けたんですよ。自分と同じに、目印として。万が一、いつの日か、この地球上で生きて再び会えたら、これを照らし合わせて親子を名乗ろうじゃないか。そう祈ったんでしょうね。で、「どうか、この子を預かってくれ」、と。そんな気持ちでお願いしているわけです。親は子を助けるために捨て、助けるために売って、自分一人で死んでいった。残念なことに、孤児の方々は、そのことをあまりご存じないようですけどね。

——それほど極限の状況だったわけですが、藤原さんはそれから逃げなかった。

藤原　立ち向かってね、克服していった。

——それが大事なんでしょうね。

藤原　そうですよ。どんな人でも、人生生きていく上で楽しいことばかりあろうはずがないですからね。喜びと悲しみというのは、あざなえる縄のごとしといいましてね、喜びの日と悲しみの日が、ほとんど等分量で織りなして過ぎていくのが、人生だと私は思っております。

　ですから、一つひとつ、まいってないで、それを乗り越えるという根性、私が持って生まれた性格がある程度プラスになっていると思いますね。それは先天的なもので、もう一つは後天的なものです。貧しい家に生まれて、そして小さいころから家の手伝いをし、やがて女学生ぐらいになったときには、私が家をしょって立ってるんだという気持ちでした。

——なるほど。昔から気が強かった。

藤原　ええ（笑）。女学生のときに強盗を捕まえたり、武勇伝は数限りなくあるんです（笑）。母は気が弱くてね、お利口で、おとなしくてね。私は父に似て暴れ者で、父と大ゲンカして口も利かなくなった。

　まあ、そういう性格が強かったものですから、母が苦しいのはみんな父が悪いんだと解釈したの。で、女学生のころから家をしょって立つという気持ちが強かったわけです。百姓家で農業してましたが、女学校を出たあと、教師になりたくて専門部に入った。そこではペスタロッチの教育思想について大論文を書いていたんですが、その時に、授業料が払えなくなって退学せざるを得なくなった。で、放浪の旅が始まったわけです。

私を支えた気の強さ

——その辺は、『旅路』という自伝小説の中にも詳しく書かれておりますね。

藤原　でも、その時の苦しさに耐えたことが私の人生に大きなプラスになったと思いますね。負けん気の強さとかね。父は二十九歳で校長になったという。長野師範（信州大学）ではいまでも父の成績を抜いた人はいないというぐらいものすごい秀才だったそうです。私、知りませんけど。で、そういう父を持って、却って性格が非常によく似ていたから、私はケンカになり、そこに祖父が介在したものですから、余計うまくいかない。とうとう授業料もらえなくなって、教師になる道をそこで切られてしまった。昔はアルバイトなんて許されませんしね、女の子がアルバイトなんて、それこそとんでもないという時代でしょう。

——女性が働くこと自体難しかった。

藤原　そうです。あの家、女が働かなければ、お父さんの働きが弱くて食べることもできないかとお父さんが非難された時代です。
　そういう苦しさの中で、満州へ逃げようと思ったこともあったし、諏訪湖に飛び込もうと思う日もあった。まあその苦難を経て結局、新田次郎と結ばれたということもあるかもしれませんけど、私の三十八度線を逃げてくる、その最も基礎となったものは、負けじ魂と貧しさなるがゆえでしょうね。
　例えば、みんなが雑草を抜いて食べる。飢えている時、北朝鮮で放浪している時、私は食べてもなんともないんですね。一緒に逃げる人たちはそれを食べると全部吐いて下痢をする。私は、どれが食べられて、どれが食べられないかということも知っていたし、ヘビを捕っても私は食べることができた。他の人たちは捕まえることもできない。そういうような野性的に、動物的に生きてしまって、それが極限状況に置かれたときに非常に役に立ったわけですが、貧しかったということ、教師になれなかったということ、父との争いが長かったということが、いまになって思えば、私はプラスになっているというふうに思いますね。

――藤原さんはどんなときでも前に向かって生きていかれる。

藤原　ですから、「女らしくない」と新田は言ってた（笑）。炊事は下手だし、料理はできないし……。だってね、結婚するとき新田は、「私は料理は嫌いで、いたしません」と言ったら「それでいい」と言ったんだから、かまやしない。本人は承知したんだからね（笑）。まあ、そんなわけで、いい女房じゃなかったんですけど、四十年間の結婚生活で新田が幸せだったかどうかね。私だけが好きでも向こうは好きではなかったかもしれませんからね。
　まあ、誠実な男だったし、別に見込み違いでもなかったし、私は新田と結婚してよかったと思いますね。

人生は光と影とが交互に

――ところで、『流れる星は生きている』がベストセラーになり、藤原さんが作家として非常に多忙になって、新田次郎さんともいろいろ……

藤原　やりました。チャンチャンバラバラ……、さんざんケンカしました。新田は諏訪藩の武士の末えいだもんですから、プライドだけは高くてね、私が百姓の出でしょう。だからケンカになると、「このドン百姓！」って言われる。「ドンというのはどこから出てきたのか、ドンというのは私、まだついておりませんが……」って笑うんですけどね。ドン百姓と言って怒りましたよ。
　で、私も暴力派でしたからね、私はじゃんじゃんと新田にお茶碗ぶつけたり、目の前にあるものはみんな投げつけた。

――新田さんはどうしてましたか。

藤原　新田は全然何もしません。逃げてました。女に手を出すことは男の恥だと、侍の覚悟でいたんじゃないでしょうかね。
　でもね、女って、本当にいやらしいと思うのはね、食堂には古九谷の茶器があるんですが、新田が大好きで、それを見ながら食事をするんですね。その時にケンカになれば目の前にあるものは何でも投げるんですが、どんなに腹立てても、その古九谷を投げない。

――安いものだけ投げる（笑）。

藤原　あれはね、私っていう人間はなんで腹立ててもその何十万もする古九谷をバーンと投げないか、と。女っていやらしいなあ、と思った（笑）。

――そうした新田さんの心の中にもいらいらがたまってたんでしょうね。

藤原　ええ、ある日、役所で同僚から「藤原てい夫、と名刺に書いたら」とひやかされたそうなんですが、腹立ててね、新田は。私は収入が新田の十倍はあったわけですが、「よく聞きなさい。収入が多い方が、すなわち人格が高いとは誰も思わないぞ」って怒鳴る。で私は何も言わないのに、私が威張ってるということで腹立ててるんですよ。やはり、収入が多いのが男であるというような古さを持っていたかもしれません。やはり、古武士のような性格を持っていたように思いますね。

――それで、新田さんも藤原さんに対抗して小説を書かれるようになり、直木賞や吉川英治文学賞などを受賞されながら、昭和五十五年、心筋梗塞で突然他界されたわけですが。

藤原　私は新田と結婚してよかったと思う。あの人が良かったと思ってたかどうか聞いておりませんから、分かりませんけどね（笑）。まあ、平凡だけど健康な三人の子どもを残されて、いまは私は間違いではなかったと思いますね。

新田の遺産って、それだけですからね。本当に社会的に地位が高いというんじゃなくて、社会人として平凡だけれども平凡に生きていくことのできる三人の子どもを持っているということは、幸せなことだと思います。

――やはり、母親が自ら、生きる姿というものを身でもって教えたからでしょうね。

藤原　先ほども言いましたけど、生きるということはね、「もう駄目だ」ということを言わないこと。せっかくこの地球上に人間として生まれてきているんですからね。やはりそれを、命を大事に守っていかないといけないと思います。人間、長い人生の間には、私みたいなきつい性格でも、本当に死のうと思ったこと二度もあるんですよ。そのときに「もう駄目だ」というのは人生の敗北です。苦しいけど生きて見せるぞ、絶対に生きるぞ、このくらいの苦しさに負けるか、というふうに自分を励ます気持ちで今日まで生きてきましたね。

精神と肉体とは絶対に切り離すことはできない。だから「もう駄目だ」と言ったら駄目になるんですよ。生きていくには、太陽の光があれば、光り輝く半面には必ず同じ量の影ができていますでしょう。それは、喜びのみの人生は絶対にないし、幸せのみの、苦しみのみの人生は絶対にあり得ない。両方がないまぜになって同じ分量で繰り返しながら生きていくのが人生だと思っていれば、間違いはないように思いますね。光り輝いているときに喜ぶのは誰でもできます。暗い部分に入ったときに、それに負けないぞっていう精神力を持った人は、やがて立ち上がっていくことができると思う。

暗い部分に入ったときに、もう駄目だと言ったら、その人はもう駄目なのです。私はそれが人生だと、自分で生きてきた道を振り返って、これだけの紆余曲折を生き抜いてきてね、そう考えています。

親子で音読してみよう

詩のひろば

少年に與う

高村光太郎

高村光太郎が五十三歳の時に刊行された『をぢさんの詩』に収録された一篇。詩集のまえがきには「この詩集は年わかき人々への小父さんからのおくりものである」と綴られています。声に出して読むと勇気が湧いてくる名詩です。

この小父さんはぶきようで
少年の聲いろがまづいから、
うまい文句やかはゆい唄で
みんなをうれしがらせるわけにゆかない。
そこでお説教を一つやると為よう。
みんな集つてほん氣できけよ。
まづ第一に毎朝起きたら
あの高い天を見たまへ。

お天氣なら太陽、雨なら雲のゐる処だ。
あそこがみんなの命のもとだ。
いつでもみんなを見てゐてくれるお先祖さまだ。
あの天のやうに行動する、
これがそもそも第一課だ。
えらい人や名高い人にならうとは決してするな。
持つて生まれたものを深くさぐつて強く引き出す人になるんだ。
天からうけたものを天にむくいる人になるんだ。
それが自然と此の世の役に立つ。
窓の前のバラの新芽を吹いてる風が、
ほら、小父さんの言ふ通りだといつてゐる。

『致知別冊「母」』読者の方におすすめ！

生きる力を育む本

幼少期にどんな言葉や人物に出逢うか——。
それは、長い人生を歩む上で大きな糧となることでしょう。
ぜひ親子で読んでいただきたい、心を耕す6書を厳選しました。

現代人の伝記１～５

致知編集部・編

月刊『致知』から、特に10代の生き方の参考になる人物の記事を精選。学校の副教材としても活用される人気シリーズ。多種多様な境遇で同じ時代を生きる人生の達人の実話が、子どもたちの「尊敬する心」を養います。

定価＝各 1,100 円（税込）

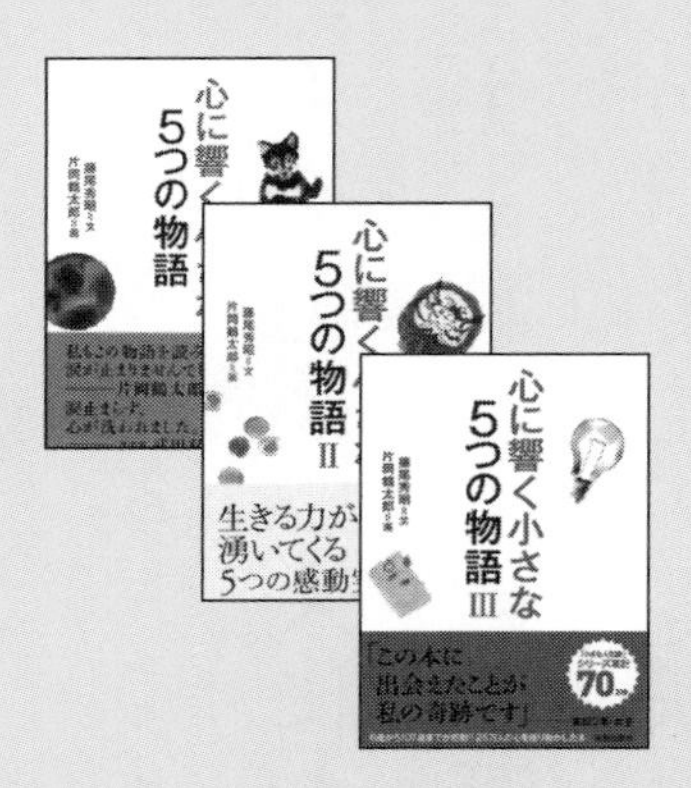

心に響く小さな５つの物語Ⅰ～Ⅲ

藤尾秀昭・著／片岡鶴太郎・画

15分で読める感動の物語各5篇を挿絵とともに収録したロング＆ベストセラー。6歳から107歳まで、年齢性別を問わず読者の方から感動の声が続々と寄せられています。

Ⅰ・Ⅱ　定価＝ 1,047 円（税込）
Ⅲ　定価＝ 1,100 円（税込）

国語の力がグングン伸びる
１分間速音読ドリル
国語の力がもっとグングン伸びる
１分間速音読ドリル２

齋藤孝・監修

見開きの名文を1分間で速く読むというシンプルな構成で、夢中になる子どもたちが続出。ゲーム感覚で楽しみながら国語力を鍛える音読ドリルです。音読によって体に刻み込まれた名文は、一生の財産となるでしょう。

定価＝各 1,320 円（税込）

66ページに岩堀美雪先生ご登場

なぜあなたの力は
眠ったままなのか

岩堀美雪・著

長年小学校教師として子どもたちの能力を花開かせてきた著者が、自己肯定感を育てる魔法のメソッド「宝物ファイルプログラム」を本書で公開。自分の知らなかった自分を発見し、新たな扉を開ける手引きとなる一冊です。

定価＝ 1,540 円（税込）

74ページに安岡定子先生ご登場

お腹の中の赤ちゃんに
読み聞かせる０歳からの論語

安岡定子・著

胎児や乳幼児の時期から生きる力や考える力を育む名句に親しみ、豊かな心を育ててほしい。そんな願いをもとに世のお母さんたちへ贈る、『論語』の読み聞かせ用テキストブックです。結婚祝いや出産祝いの贈り物にも。

定価＝ 1,320 円（税込）

子どもたちが
目を輝かせて聞く偉人の話

平 光雄・著

大切なのは、偉人の『才能』と『心構え』をごちゃ混ぜにしないこと。そう語る教師歴32年の著者が、子どもの「心構え」を育む14人の偉人の人生を紹介。逆境を乗り越える先達の生き方に、大人も胸が熱くなる一冊です。

定価＝ 1,650 円（税込）

私たちも『母2021』を応援します！

笹木郁乃

『致知別冊「母」2021』
PR総合プロデューサー
株式会社LITA代表取締役

いつの時代も、子育てで悩まない親はいないのではないでしょうか。心から愛する我が子だからこそ心配になったり、自分の育て方に自信がなくなることがあるのだと思います。更には、今年も去年に続きコロナ禍という特殊な環境で、緊張感のある時間が続きます。そんな中だからこそ、特にこの本を、一人でも多くのお母さんに届けたいと強く考えています。この本は、子育てノウハウ本ではありません。子育てに一番大切なことは、子育ての知識習得ではなく、子どもが親の愛情を感じ自己肯定感を伸ばすことなんだと、様々な方の生きたエピソードから学べます。

シリーズ別冊『母』は、これまでVOL・1とVOL・2が発売されていますが、全国のお母さんから感動の声を頂いています。特に、「子育てで辛くなったり立ち止まったりした時に何度も読み返したい」と多くのお声を頂いています。この本によって、愛に溢れた幸せな子育ての時間を過ごせる方が増えることを願っています。

大塚恵美子

社会福祉法人彩
大地の恵みのなーさりぃ理事長
株式会社キッズコーポレーション
ファウンダー兼顧問

無限の可能性を秘めている子どもたちを開花させるのは、関わる大人の在り方が鍵。子どもに携わるすべての方に手にしてほしい。『母』を通して、心に明かりが灯り家族そして、世の中全体に広がることを願っています。

桑子和佳絵

一般社団法人NICCOT
Partners代表理事

『母』は、子どもと関わりながら自分自身を振り返る日々を、包み込むように支えてくれる存在。本来の心の居場所に戻してくれるようなこの本に、多くの〝育む人〟が出会えますように。

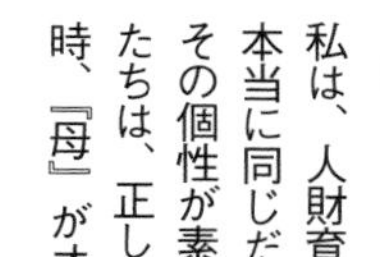

郡司成江

ビューティアトリエ総美有限会社
代表取締役社長
人財育成コンサルタント

私は、人財育成と子育てを体験して、仕事と子育ては、本当に同じだと感じています。百人いれば百通りです。その個性が素晴らしい、しかし、分かっていても常に私たちは、正しい答えを求めて悩んでしまいます。そんな時、『母』がオススメです。

砂羽美佳

公認心理師
アイ・ビジョニング代表

母になったその時から私たちは、世界でたった一つの「親子のカタチ」を見つける旅に出たのかもしれません。息切れしたり道に迷った時は、『母』を開いてみてください。きっと先人たちの叡智が道を開いてくれます。

田崎由美

一般社団法人マザーズスマイル
アンバサダー協会代表理事

目には見えない母の深い愛を言葉にし、伝える機会を持ちたくなる。子どもたちに残したいのは愛だと思い出せる。別冊『母』は、子育ての羅針盤として、不安の中にあるお母さんたちの心の灯になれることを願っています。

戸田久実

アドット・コミュニケーション株式会社
代表取締役
一般社団法人日本アンガーマネジメント協会理事

この世に生を受けた命の尊さ、心を育むこと、可能性を信じること。その大切さをあらためて知り、さらに悩み、迷った時に背中を押してもらえる言葉に出逢える『母』。子育てに関わる全ての方に届きますように。

西原沙紀

ヨガセラピスト・看護師

言葉との出会いは、母と子の人生を変え、豊かにするのだと実感しています。焦ったり不安になった時、そっと寄り添ってくれる『母』。受け継がれる母の愛情の尊さを再確認できました。『母』の輪が広がりますように。

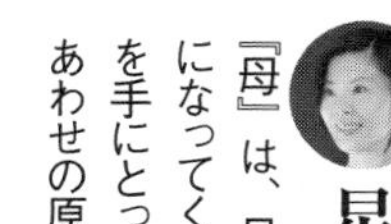

星野友絵

株式会社サイラスコンサルティング
代表取締役

『母』は、日々を精いっぱい生きるお母さんたちの居場所になってくれる本です。迷った時、悩んだ時、ぜひ『母』を手にとってみてください。いつまでも大切にしたい「しあわせの原点」が見つかるはずです。

山本果奈

ヤマゼンコミュニケイションズ株式会社
取締役・自己肯定感コンサルタント

沢山のお母さんにこの本を手に取ってほしい。なぜなら「どの国のどの時代のどんな人にも大切なこと」その答えがこの本にあるからです。『母』が広がり子どもたちの人生に美しい秩序が生まれることを心から願います。

松原輝衣

株式会社致知出版社 広報担当

この本を読んでくださったお母さんは皆さん「母友（ははとも）」です。育児で大変な時、辛い時にそっと『母』を開くことで、同じく奮闘する母たちの存在を感じ、また子育ての軸に戻れる。そんな一冊になれたらと願っています。

致知別冊『母』2021 初出一覧

子どもの天分をどう伸ばすか
鈴木宣之 ビー・ティー・アール社長、イチローさんの父
五嶋 節 オフィスGOTO代表取締役 五嶋みどりさん・龍さんの母
『致知』2007年11月号

徳のある子の育て方
田下昌明 医療法人 歓生会 豊岡中央病院会長
『致知』2004年12月号

バスジャック事件が教えたもの
山口由美子 不登校を考える親の会「ほっとケーキ」代表
『致知』2009年5月号

母として生きた奈緒の112日間
清水 健 フリーキャスター、清水健基金代表理事
『致知』2019年11月号

生きるとは「もう駄目だ」とは言わないこと
藤原てい 作家
『致知』1987年12月号

コラム「『おかげさま』と『身から出たサビ』」
山中伸弥 京都大学iPS細胞研究所所長
『致知』2016年10月号

コラム「母がくれた泥だらけの千円札」
ガッツ石松 元WBC世界ライト級チャンピオン
『致知』2005年5月号

コラム「麦は踏まれて強くなる」
小嶺忠敏 長崎総合科学大学特任教授 元長崎県立国見高等学校サッカー部総監督
『致知』2006年11月号

※その他の記事は、本書初出
※本書収録に際し、一部、加筆・修正を行った箇所があります。

致知別冊『母』2021
令和3年6月15日 第1刷発行
令和6年5月30日 第2刷発行

編集	致知編集部
発行者	藤尾秀昭
表紙デザイン	境 美希
本文デザイン	FROG KING STUDIO
発行所	致知出版社 〒150-0001 東京都渋谷区神宮前4-24-9 TEL(03)3796-2111(代)
印刷所	TOPPAN株式会社

ISBN978-4-8009-1254-1 C0095